手把手教你读财报

金玲　陈岩　　　　　　　　著

民主与建设出版社
·北京·

©民主与建设出版社，2022

图书在版编目（CIP）数据

手把手教你读财报 / 金玲, 陈岩著. -- 北京：民主与建设出版社, 2022.5
ISBN 978-7-5139-3840-2

Ⅰ.①手… Ⅱ.①金… ②陈… Ⅲ.①会计报表–基本知识 Ⅳ.① F231.5

中国版本图书馆 CIP 数据核字 (2022) 第 089367 号

手把手教你读财报
SHOUBASHOU JIAONI DU CAIBAO

著　　者	金　玲　陈　岩
责任编辑	董　卉　金　弦
装帧设计	杨玉兰
出版发行	民主与建设出版社有限责任公司
电　　话	（010）59417747　59419778
社　　址	北京市海淀区西三环中路 10 号望海楼 E 座 7 层
邮　　编	100142
印　　刷	天宇万达印刷有限公司
版　　次	2022 年 5 月第 1 版
印　　次	2022 年 9 月第 1 次印刷
开　　本	670mm×950mm　1/16
印　　张	12
字　　数	127 千字
书　　号	ISBN 978-7-5139-3840-2
定　　价	42.00 元

注：如有印、装质量问题，请与出版社联系。

前言
PREFACE

近年来，随着我国资本市场的日益完善和股民综合素质的逐步提升，越来越多的投资者开始理性投资，这种理性体现在不再盲目跟风追涨，不再热衷于获取小道消息，而是开始分析股市的大环境和上市公司的经营业绩。

要想了解上市公司的经营业绩，最直接的途径就是阅读公司的财务报告（以下简称"财报"）。财报包括四张主要的财务报表和财务报表附注，是公司对外披露其财务情况最重要的载体，综合反映了企业的财务状况、经营成果、现金流量及股东权益变动等信息。不过财报专业性太强，尤其是财务报表，提供的均是经过专业会计人员处理后的信息，专业、深奥又枯燥，普通投资者面对这些数据，往往有心无力，读不懂报表中的项目，看不出数据之间的关联，更无法从中获取对投资有利的重要信息。因此，本书主要服务于对阅读财报有需求的非专业人士，尤其是普通投资者，力求用浅显易懂的语言讲解专业的报表知识，梳理报表项目之间的逻辑关系，手把手教读者读懂财报。

本书共分为8章。第1章，首先指出不同身份的财报使用者所关注的财报的重点不同；然后介绍了财报的编制基础和构成要素；最后教会财报使用者如何通过解读财报不同层面的信息，来达到不同的目的。第2章到第6章按照资产负债表、利润表、现金流量表、所有者权益变动表及财务报表附注的顺序对构建财报的各要素逐一进行解读。第7章讲解如何通过财报分析企业各环节的经营运转情况，以及企业的偿债能力、营运能力等，最后介绍了两种常用的分析财报的方法。第8章则赋予财报使用者一双发现问题的慧眼，教其甄别财报信息，识别财报中的陷阱。

　　作者力求将实用、有效的财报阅读及分析技巧分享给读者，但书中难免有疏漏之处，敬请读者批评指正。

目录 CONTENTS

第1章 量体裁衣——你所关注的财报

1.1 物尽其用——投资者的不同身份决定了关注点不同 002
- 1.1.1 投资者与潜在投资者 002
- 1.1.2 债权人 003
- 1.1.3 企业内部管理者与员工 004
- 1.1.4 供应商、竞争对手和客户 004
- 1.1.5 政府部门 005

1.2 追本溯源——了解财报基础知识 006
- 1.2.1 财报编制基础 006
- 1.2.2 财报的构成要素及其关系 011

1.3 各取所需——教你关注财报不同层面的信息 018
- 1.3.1 技巧——捕捉关键财务信息 018
- 1.3.2 分析——评价财务能力与财务质量 019
- 1.3.3 慧眼——把握企业经营策略 022
- 1.3.4 思考——提升决策水平 024

第2章 健康状况——揭示企业家底的资产负债表

2.1 常见的资产负债表格式 026

2.2 财大气粗——资产 029

  2.2.1 一分钱难倒英雄汉——货币资金 029

  2.2.2 出钱又出力——应收款项 031

  2.2.3 难得糊涂——存货 035

  2.2.4 变幻莫测——对外投资 040

  2.2.5 战略储备——非流动/流动资产 046

  2.2.6 深不可测——无形资产与商誉 052

2.3 双刃剑——负债 055

  2.3.1 救命稻草——流动负债 056

  2.3.2 与世无争——非流动负债 059

2.4 压舱石——所有者权益 062

  2.4.1 生来富二代——投入资本 063

  2.4.2 艰难创业者——留存收益 064

第3章 健康之路——通过利润表看企业是否赚钱

3.1 纸上富贵——利润的构成 068

  3.1.1 从"含金量"看利润的构成 068

3.1.2 利润表的构成　　072

3.2 开源节流——收入、成本与费用　　078

3.2.1 收入　　078

3.2.2 成本与费用　　080

3.3 无外财不富——其他营业活动收益　　082

3.3.1 投资收益和公允价值变动收益　　082

3.3.2 资产处置收益和其他收益　　083

3.3.3 资产减值损失和信用减值损失　　084

3.4 神秘来客——利得与损失　　085

3.4.1 营业外收支　　086

3.4.2 其他综合收益　　086

3.5 不打诳语——所得税费用　　088

3.5.1 应纳税所得额与利润总额　　088

3.5.2 当期所得税与递延所得税　　089

3.6 股东最爱——每股收益　　091

第4章 健康之源——维持企业生命线的现金流量表

4.1 常见的现金流量表格式　　094

4.2 立身之本——经营活动现金净流量　　097

4.2.1	经营活动现金净流量的构成	097
4.2.2	经营活动现金流量与净利润	100
4.3	何去何从——投资活动现金净流量	104
4.3.1	投资活动现金净流量的构成	104
4.3.2	投资活动现金流出的补偿分析	105
4.4	未来可期——筹资活动现金流量	107

第5章 健康之本——企业家底形成的所有者权益变动表

5.1	所有者权益变动表的基本结构	110
5.2	主动/被动——会计政策变更与前期差错更正	116
5.2.1	会计政策变更	116
5.2.2	前期差错更正	117
5.3	放眼未来——投入资本和减少资本	118
5.3.1	投入资本	118
5.3.2	减少资本	119
5.4	量力而行——利润分配	120
5.5	深思熟虑——所有者权益内部结转	122

第6章 举足轻重——不得不说的财务报表附注

6.1	企业的态度——财务报表附注声明	124
6.2	企业的选择——会计政策与会计估计	125

6.3 企业的操作——重要项目的说明和其他重要事项　127
6.3.1 重要项目的说明　127
6.3.2 其他重要事项　133

第7章 刨根问底——财报综合阅读与分析

7.1 企业的那些事——业务循环与财报　136
7.1.1 采购循环　136
7.1.2 生产循环　138
7.1.3 销售循环　139
7.1.4 费用循环　140
7.1.5 投融资循环　141

7.2 万变不离其宗——能力分析　145
7.2.1 偿债能力　145
7.2.2 营运能力　148
7.2.3 获利能力　151
7.2.4 发展能力　153

7.3 九九归一——综合分析　155
7.3.1 杜邦分析法　155
7.3.2 沃尔比重评分法　157

第8章 见微知著——甄别财报信息

8.1 先天不足——财报的局限	162
8.1.1 确认与计量的局限性	162
8.1.2 方法的局限性	164
8.1.3 财报列示的局限性	165
8.2 瞒天过海——财报的那些粉饰方式	167
8.2.1 财务报表粉饰的动机	167
8.2.2 财务报表粉饰的手法	170
8.3 火眼金睛——识别财报中的假象与陷阱	176
8.3.1 财报粉饰的特点	176
8.3.2 财报粉饰的预警信号	178
8.3.3 财务报表粉饰的识别方法	180

第1章

量体裁衣——你所关注的财报

● 财报是企业的体检表,综合反映了企业某一特定日期的财务状况和某一会计期间的经营成果、现金流量等会计信息。通过阅读财报,相关人员可以判断企业的经营水平和生存能力,并评估企业的价值。

● 财报是企业将经济业务按照一定的会计规则加工和转换形成的,目的是让使用者了解企业的经营状况,进而制定有效的经济决策。

● 为满足财报使用者的需求,总的来说,财报需具备两个特点:一是能够预测未来,方便使用者看后做出正确决策;二是具备专业性和层次性,能够让不同使用者做到各取所需,达到不同的目的。

1.1 物尽其用——投资者的不同身份决定了关注点不同

1.1.1 投资者与潜在投资者

投资者与潜在投资者是企业当前的所有者与未来的所有者，其投资的目的就是赚钱。只有企业赚钱，才能保证投资者投入的钱有保本、增值的机会，并吸引更多的潜在投资者转变为投资者。投资者进行投资的动机不同，对于企业是否赚钱的判别标准也不同。有的投资者准备短期持有，有的投资者准备长期持有，因此投资者与潜在投资者不仅需要了解企业目前的盈利水平，更需要考虑企业未来的发展潜力和持续性。

投资者与潜在投资者一般在初期关注企业的当期盈利水平，之后会考虑企业的长期盈利能力，此时投资者的关注点由盈利逐渐转移到盈利的来源与形成过程，即企业都有哪些资源，其周转与获利的能力如何，有哪些不确定性，企业的盈利有多少用来还债，如何激励管理者，利润分配的政策，等等。当然，在此过程中，不可避免地需要考虑与其他竞争者相比，企业所处的行业与地位。通过关注企业的财报，投资者能及时获取企业的相关信息，从而在综合考虑、权衡收益和风险的基础上，做出投资、追加投资或尽快抛售等决策。

有经验的投资者还可以通过分析财报及时发现企业经营过程中的问题，分析与评价企业内部管理者的管理效能。

1.1.2 债权人

企业仅依靠投资者投入的资金往往不能满足经营的需要，还可能向银行及其他金融机构借款、对外发行债券以及在业务往来时形成暂欠款，这些就形成了企业的负债。作为企业负债的持有者——债权人关注的重点是借款本息能否及时、足额偿还。

因此，债权人需要着重观察企业的"三品"：人品，企业领导人的人品；产品，企业产品的盈利能力；抵押品，企业对借款的保障措施。

债权人需考查企业为什么借钱，企业未来还本付息所需资金的来源是什么，企业以前的短期借款和长期借款是否已按期偿还，企业资金使用效率如何，等等。债权人通过阅读财报，分析相关信息，综合评价企业的偿债能力，才能决定是否可以借钱给该企业，借多少以及利率水平如何确定，或者是否继续贷款给企业等。此外，债权人还需判断负债企业经营状况不乐观时，债权人能否收回之前的借款。因为每个债权人对待风险的态度和承受能力不同，所以需要在获利能力与风险程度之间进行权衡。

1.1.3 企业内部管理者与员工

企业内部管理者关注财报，更多的是通过财报全面评价企业的财务状况和运营状况，在制定投资、筹资、经营决策以及进行财务预测时，提高管理效率，保证盈利能力的持续增长。另外，内部管理者涉及业绩考核，他们关注盈利时，更注重盈利的形成原因与过程，因此需要对企业的方方面面予以关注，例如企业的资产结构、营运状况与效率、经营风险、财务风险、支付与偿债能力等。

从获得劳动报酬的角度，内部管理者与员工希望自己所在的企业处于良好的发展阶段，并且具有长远的发展前景，这样能够获得较高的薪酬和福利，也有更广阔的职业发展空间。

1.1.4 供应商、竞争对手和客户

常言道："知己知彼，百战不殆。"企业的供应商、竞争对手和客户既是合作伙伴，又是竞争者。这些企业或单位出于保护自身利益的需要，非常关心企业的财务状况。

企业常常采用赊购的方式采购各项材料物资，由此与供应商之间形成暂时的债权债务关系。供应商主要关注企业的信用情况，包括商业信用与财务信用。他们一方面关注企业能否按时、按质完成各种交易行为，另一方面还关注企业能否及时清算各类款项。供应商可以通过财报了解企业的短期偿债能力和资产的流动性，即企业有多少资产可以用于偿债，特别是有多少易于变现的资产用于支付欠款，以此来评判企业的支付能力和坏账风险。

在市场经济环境下，同行业中各企业之间为争夺市场份额而激烈竞争。企业除关注企业内部、提高自身的管理效率外，还要始终瞄准竞争对手，关注其一举一动，其中重要的是时刻关注其财报，分析其规模与发展速度、生产能力与市场份额、价格与成本水平等，以此来挖掘自身的盈利潜力，提高自身在行业中的竞争力。

客户作为企业产品的购买方和使用者，要求企业能够保证产品质量和后续服务，因此更关注企业的持续经营能力。通过阅读财报，评价企业的资产价值和利润水平，客户能够从销售额和应收账款的变化中考查企业产品的质量和信誉情况。

1.1.5 政府部门

政府部门包括但不限于财政部门、税务部门、工商行政管理部门、国有资产控股公司、审计部门和证券监管部门等，担负着整个社会宏观经济的调控职能以及对企业的征税和监管职能。政府及其各职能部门需要通过查阅企业会计报告，了解企业的运营状况、国有资源配置情况，监督检查各项经济政策、法律、法规的执行情况；同时，通过保证企业提供的会计信息的真实和准确性，为制定宏观决策和政策提供可靠信息，以便更好地履行其职责，提高社会资源的配置效率。

1.2 追本溯源——了解财报基础知识

1.2.1 财报编制基础

1. 会计基本假设

会计基本假设是会计进行业务处理的前提条件,界定了会计核算及财报的时间和空间范围。

(1)会计主体。会计主体是指从事特定经济活动的经济实体,企业、事业单位、社会团体甚至个人均可以成为会计主体。财报应只反映某一会计主体的全部经济业务,而不包括其他会计主体的经济业务。例如,一家上市公司是母公司,其投资控制了多个子公司,则母公司、各子公司作为独立的单一经济实体,同时也是会计主体,分别编制各自的会计报告。除此之外,上市公司需要提供母、子公司组成的集团公司的合并财务报表,此时该集团公司就是一个会计主体。会计主体假设规范了会计工作的空间范围,即解决了企业哪些业务需要进行会计核算、哪些会计信息应该进入企业财报的问题。

(2)持续经营。持续经营是指企业在可以预见的未来,会按照当前的规模和状态继续经营下去，不会停业破产清算，也不会大规模削减业务。持续经营假设解决了会计处理的稳定性问题。例如，企业于五年前购置了一处价值100万元的房产，截至目前，该房产已升值到200万元。此时在财报中是否需要将该房产的成本调整至200万元呢？在持续经营条件下，企业用该房产进行生产经营活动，未用于出售，因此该房产价值并不受市场价格变动的影响，企业仍应按其购置价格（历史成本）100万元计量，并在预计使用年限内进行价值分摊。若企业经营出现难以维持的情况，那么该房产需要调整为清算价格（现行市场价格）200万元，不需且无法在未来进行价值分摊。

（3）会计分期。会计分期又称会计期间，是指将企业持续正常的生产经营活动划分为一个个连续的、长短相同的期间，一般分为月度、季度、半年度和年度等。会计分期假设主要解决企业如何及时向财报使用者提供信息的问题。财报使用者定期了解企业的财务状况和经营成果，以便提高决策的效率。但如果会计分期过短，就会加重会计人员的工作量，增加工作难度。

正是由于会计分期的存在，才产生了当期与其他会计期间的差别，进而出现了两种针对不同会计期间费用确认与核算的方式——权责发生制和收付实现制。

权责发生制又称应计制，是以权利和责任的发生来决定收入和费用的归属期。按权责发生制的基础要求，凡是当期已经实现的收入和已经发生或应当负担的费用，无论款项是否收付都应当作为当期的收入和费用计入利润表；凡是不属于当期的收入和费用，即使款项已在当期收付，也不应当作为当期的收入和费用。

与权责发生制对应的是收付实现制。收付实现制是以现金的收与付来界定收入和费用的归属期。按收付实现制的要求，凡在本期实际以现金付出的费用，不论其应否在本期收入中获得补偿，均应作为本期应计费用处理，即只有付出现金时才能确认费用；凡在本期实际收到的现金收入，不论其是否属于本期，均应作为本期应计的收入处理，即只有收到现金时才能确认收入；凡本期还没有以现金收到的收入和没有以现金支付的费用，即使归属于本期，也不作为本期的收入和费用处理。

例如，企业于2020年7月出租一台设备，租期半年，到2021年1月收到租金。按权责发生制，这笔租金应记入2020年12月这一期间。而按收付实现制，这笔租金收入应记入2021年1月这一期间，而不管赚取收入的活动是在什么时候完成的；相应地，对租入设备的那一方来说，即使其是在2020年7月至12月使用了租入的设备，但支付租金的行为发生在2021年1月，因此这笔租金只能记作2021年1月的费用。

需要说明的是，资产负债表、利润表和所有者权益变动表是按权责发生制为基础编制的，而现金流量表是以收付实现制为基础编制的。

（4）货币计量。货币计量，是指会计主体在会计核算过程中采用货币作为基本计量单位，同时辅以其他计量单位（如存货的数量记录）来记录和反映其生产经营活动。货币作为商品交换的一般等价物，便于不同类型的经济业务之间进行价值比较。但采用货币计量，存在币值是否稳定的问题。一是单一货币在不同时期其购买力会发生变化，例如20年前的1000元可以购买10克黄金，但现在同样的钱只能买到2克多黄金了。二是不同货币之间的汇率会随着时间的变化而变动，例如人民币与美元之间的汇率随时都在变动。为了保证会计记录的效率和稳定性，在以货币计量时，一般假设币值稳定。若发生了恶性通货膨胀，企业就需要按现行价值对财报进行重新描述。

货币计量包括计量单位和计量属性两个方面。国际上通用以本国货币为会计基本计量单位。我国《企业会计准则》中明确：企业应选择人民币作为记账本位币。若企业根据所处的主要经营环境采用外币作为记账本位币，在对外披露财报时需要折算为人民币。会计计量属性反映的是会计要素金额的确定基础，其主要包括历史成本、重置成本、可变现净值、现值和公允价值等。例如，企业于5年前以10万元购置了一台设备用于生产活动，经过5年的磨损，现在只有五成新，价值5万元，故而，这台设备的历史成本为10万元，重置成本为5万元。对于存货而言，期末按成本与可变现净值孰低法来计量。交易性金融资产、交易性金融负债、不具有控制的长期股权投资等在期末大多采用公允价值来计量。债权投资与应付债券一般采用现值计量。

我国《企业会计准则》要求会计计量一般选择历史成本，采用其他计量属性时应保证所确定的金额能够取得并可靠计量。

2. 财报的编制要求

会计的根本目标是为会计主体的经营决策提供有用的信息。为了实现这一最终目标，会计信息要具有可靠性、相关性、可理解性、可比性、实质重于形式、重要性、谨慎性和及时性等基本质量要求，也称会计信息的质量特征。按照会计信息质量特征的要求，编制财报时需要遵循如下基本要求。

（1）以持续经营为基础。在编制财报的过程中，企业管理层应当利用所有可能获得的信息来评价企业未来一年的持续经营能力。若通过评价结果对企业持续经营能力产生重大怀疑的，企业应当在附注中披露导致对持续经营能力产生重大怀疑的因素以及企业拟采取的改善措施。若企业正式决定或被迫在当期或下一期间进行清算或停止营业的，则表明以持续经营为基础编制财报不再合理。在这种情况下，企业应当采用其他基础编制财报，并在附注中声明财报未以持续经营为基础编制的事实、原因，以及所披露的财报的编制基础。

（2）以重要性为准绳。企业的经营业务繁杂，在财报中不要求精确、事无巨细地报告所有数据。这是因为进行会计处理需要花费人力成本和物力成本，编制财报本身就具有局限性。因此，企业要按照重要性原则来判断其某一项目的相关数据是否出现或怎样出现在财报中。若项目具有重要性，按性质或功能的不同，应当在财务报表中单独列报；对于性质或功能类似的项目，其所属类别具有重要性的，应当按其类别在财报中单独列报。如果某些项目的重要性程度不足以在资产负债表、利润表、现金流量表或所有者权益变动表中单独列示，但对附注却具有重要性，则应当在附注中单独予以披露。另外，企业不应以附注代替报告项目。

重要性是指在合理预期下，如果财报中某项目的省略或错报会影响使用者据此所做出的经济决策的，则该项目具有重要性。重要性需要从项目的性质和金额两方面予以判断，且各项目重要性的判断标准一经确定，不得随意变更。判断项目性质的重要性，应当考虑该项目在性质上是否属于企业日常活动，是否显著影响企业的财务状况、经营成果和现金流等因素；判断项目金额大小的重要性，应当考虑该项目金额占资产总额、负债总额、所有者权益总额、营业收入总额、营业成本总额、净利润、综合收益总额等直接相关项目金额的比重或所属报告单列项目金额的比重。

（3）以可比性为原则。企业提供的会计报告应从横向（不同企业之间）和纵向（同一企业不同时期之间）都具有可比性。因此，财报项目的列报应当在各个会计期间保持一致，不得随意变更。财报中的资产项目和负债项目的金额、收入项目和费用项目的金额、直接计入当期利润的利得项目和损失项目的金额不得相互抵销。

当期财报的列报，至少应当提供所有列报项目的上一个可比会计期间的比较数据，以及与理解当期财报相关的说明。

1.2.2 财报的构成要素及其关系

1. 财报的构成要素

企业必须按照国家统一的会计制度的规定定期编制财报。财报是指企业对外提供的反映企业某一特定日期的财务状况和某一会计期间的经营成果、现金流量等会计信息的文件。财报分为中期报告与年度报告，中期报告可细分为半年度报告、季度报告和月度报告。财报至少应当包括"四表一注"。其中，"四表"是指资产负债表、利润表、现金流量表、所有者权益变动表，"一注"是指会计报表附注。上述组成财报的各部分具有同等的重要程度，是分别从不同角度说明企业的财务状况、经营业绩和现金流量情况的。

（1）资产负债表。资产负债表是反映企业某一特定时点的资产、负债、所有者权益状况的会计报表。其具体内容包括：企业所拥有的经济资源及其分布与结构情况，企业资金的来源构成，企业承担的债务和财务风险，企业权益及其结构情况等。资产负债表编制的基础是资产=负债+所有者权益。资产负债表通过如实记录特定时点的企业资产、负债、所有者权益，揭示出企业的偿债能力及财力、企业资本结构变化及未来财务状况，帮助财报使用者评价企业资产的质量和偿债能力。

经验丰富的财报使用者在阅读财报时首先关注的是企业资产负债表，因为企业未来的发展潜力取决于其实力是否雄厚，而这些信息体现在资产负债表上，并可以与利润表、现金流量表相互印证。

（2）利润表。利润表是反映企业一定时期的经营业绩即利润或亏损情况的会计报表，按月编制和报送，主要是帮助人们了解企业经营成果的形成情况。其具体内容包括：企业当期利润实现情况及各损益项目的构成情况，企业可供分配的利润总额等。

通过资产负债表可以看出企业某一时点的资金状况，但若想知道企业未来发展如何，则要看利润表。利润表反映的是企业经营取得的利润，包括哪些是投资取得的利润，哪些是意外所得，从而判断企业资产的运营效果。

（3）现金流量表。现金流量表是反映现金和现金等价物的流入和流出情况的会计报表。现金流量表主要帮助人们了解企业的现金流入量和流出量，反映企业在一定时期内由于经营、投资及筹资活动而引起的资产、负债及所有者权益的变动情况。其具体内容包括：企业现金流量的来源和去向，企业现金流量的构成，企业现金净流量的多少及影响企业现金净流量的因素等。

企业有资金,但不是现金,若遇到紧急情况需要立即支付时,无论是处置变卖设备、厂房还是外借,都需要时间,所以这就要求处于生产经营状况中的企业不仅要有雄厚的资金,还要拥有充足的现金流,以应付各种紧急情况下的现金支出。而想要了解企业现金的来源及其变动情况,就需要关注企业现金流量表。

(4)所有者权益变动表。所有者权益变动表是反映所有者权益各组成部分当期增减变动情况的报表。所有者权益变动表主要帮助人们了解企业当期损益、直接计入所有者权益的利得和损失,以及与所有者进行资本交易所导致的所有者权益的变动情况及其原因。

资产负债表反映了企业某一时点的所有者权益状况,是某个会计期间所有者权益变动的结果。但若想了解其具体的变动过程,则需要通过阅读所有者权益变动表来达到目的。

(5)会计报表附注。会计报表附注是对会计报表的补充说明,也是财务会计报告的重要组成部分。在财报中,会计报表采用量化的方法对企业的经营成果、财务状况和现金流量情况加以反映;而会计报表附注则以披露的方式,对会计报表中高度概括的数字进行进一步的说明,从而减轻财报使用者的阅读难度,提高使用财报的有效率。会计报表附注主要包括两项内容:一是对会计报表各要素进行补充说明,二是对会计报表中无法描述的其他财务信息提供定性补充说明。

2. 构成财务报表要素之间的关系

财务报表要素也称为会计要素,是对企业资金及其运动所做的一种基本分类。总的来说，反映企业财务状况的会计要素有资产、负债、所有者权益，反映企业经营成果的会计要素有收入、费用、利润。

会计要素之间的关系：

$$资产=负债+所有者权益$$
$$收入-费用=利润$$
$$资产+费用=负债+所有者权益+收入$$

（1）资产。资产是指由企业过去的交易或事项形成的，由企业拥有或控制的、预期会给企业带来经济利益的资源。简单来说，资产就是企业目前的家当。企业生产经营要有一定的资金，其表现为不同的形态与特征，既包括通常所说的资金、各种材料、机器设备、厂房等，也包括赊销产品时形成的应收款项，以及专利、商标等无形资产，还包括企业的各项投资资产等。资产的种类繁多，形态不一，反映到资产负债表上就是表中包含的资产项目。资产按其流动性分为流动资产和非流动资产。

资产是企业在财务报表日之前取得的，在财务报表日以实际形态列示在资产负债表上。如果未来资产形态发生变化，则反映在未来的财务报表中。例如企业现在有银行存款50万元，预计下个月将用此笔款项购买原材料，那么本月月末的财务报表上列示的是银行存款50万元，而不是原材料50万元。资产预计会在未来通过运营给企业带来利益，不能给企业带来利益的资源不能被确认为资产，例如由于存放不

第1章 量体裁衣——你所关注的财报

当造成毁损的库存原材料，不能再按原有的用途使用，也没有出售价值，此时在财报中就不能再将这批材料确认为资产。另外，能够计入资产负债表资产项目中的，不仅包括企业拥有所有权的资源，还包括企业可以控制的资源。例如，企业通过融资租赁方式长期租赁一台设备用于产品生产，该设备提供的生产能力给企业带来相应的收益，并由企业控制，因此这台设备可以计入企业资产项目中。

（2）负债。负债是指由企业过去的交易或者事项形成的、预期会导致企业经济利益流出的现时义务。换句话来说，负债是企业借来的钱，借来的钱均要偿还。按流动性分类，负债可分为流动负债和非流动负债；按其属性分类，负债可分为需要偿还的本息总额确定的负债和需要偿还的本息总额不确定的负债（其本金或利息会因市场或企业自身信用等因素的变化而变化）。前者如银行借款、应付账款等，企业大部分负债均属此类；后者如以公允价值计量且其变动计入当期损益的金融负债（交易性金融负债）。

负债可能是由于企业日常经营资金不足，从银行处借来的短期借款，也可能是赊购材料时形成的应付款项，还有可能是企业在筹集资金时为弥补投资人投入不足而发行的长期债券，甚至是企业在投资过程中形成的。企业资产的来源主要有两方面：一是投资者投入的资产，二是从债权人处借入的资产。前者称为所有者权益；后者称为债权人权益，即会计要素中的负债。负债与所有者权益之间最大的区别在于债权人没有参与企业经营管理的权利，也没有参与企业利润分配的权利，只享有按照约定收回本金与利息的权利。

（3）所有者权益。所有者权益是指企业资产扣除负债后由所有者享有的剩余权益，股份公司的所有者权益又称股东权益。所有者权益的来源包括所有者投入的资本、直接计入所有者权益的利得和损失、企业留存收益等。

企业除非发生减资、清算，否则不需要偿还所有者权益。如若企业发生清算，也只有在清偿了所有负债后，才能将所有者权益返还给所有者。所有者权益的确认，主要依赖于资产和负债的确认；而所有者权益金额的确定，主要取决于资产和负债的计量。

（4）收入。收入是指企业在日常活动中形成的、会导致所有者权益增加的、与所有者投入资本无关的经济利益的总流入。企业的收入包括销售商品收入、提供劳务收入、利息收入、让渡资产使用权收入和建造合同收入等。企业只有取得收入，才能弥补生产经营中的耗费，完成资金的周转与循环。收入的实现或许会导致资产的增加，如直接增加了银行存款，或者赊销取得应收款项等；也可能表现为负债的减少，如直接用产品抵销之前的欠款；或者同时表现为资产的增加与负债的减少。

（5）费用。费用是指企业在日常活动中发生的、会导致所有者权益减少的、与向所有者分配利润无关的经济利益的总流出。广义的费用包括生产或购买产品所发生的成本。费用一方面可能减少资产，如用银行存款支付电话费；另一方面可能增加负债，如对设备进行修理，但款项未付。费用会通过利润结转从而减少所有者权益。

支出包括资本性支出和收益性支出，因此费用和资产都是支出的表现形式。费用是企业当期就能够转入利润表的支出，但资产需要在企业持有一段时间，可能几个月（如材料），也可能是几年（如机器、厂房等固定资产），持有的资产的价值具有不确定性，可能产生持有收益或损失。

（6）利润。利润是指企业在一定会计期间的经营成果。利润包括收入减去费用后的净额、直接计入当期利润的利得和损失等。利润的确认主要依赖于收入和费用、直接计入当期利润的利得和损失的确认；同样的，利润的金额取决于收入和费用、直接计入当期利润的利得和损失金额的计量。

利润是企业持续发展的真正源泉，实现利润是企业经营的根本目标。企业利润的多少及其构成是企业投资人及潜在投资者、债权人、供应商、竞争对手、客户、内部管理者、政府部门等都十分关注的信息。

1.3 各取所需——教你关注财报不同层面的信息

1.3.1 技巧——捕捉关键财务信息

不同的财报使用者由于其自身能力及出发点不同,因此所关注财报的深度与广度亦不同,由此获取的信息也不同。一般来说,财报使用者通过了解、分析财报中数据的数额、比例、趋势等,来捕捉其所需的关键的财务信息。

1. 阅读财报

财报使用者在阅读财报时,要根据自身的关注点找出财报中的重要信息、关键信息和敏感信息。重要信息是指数额较大或性质重要的信息,关键信息是指与企业发展密切相关的信息,敏感信息是指对利润影响较直接、易受市场和会计政策影响的信息。财报使用者可以通过阅读财务报表及附注、注册会计师审计意见与结论、财务情况说明书和管理层声明等,从整体上了解和初步判断财报的完整性、真实性,以及企业的经营状况、运营与发展的趋势等。

2. 比较财务报表

在阅读财报的过程中，重点在于比较财务报表。将企业财务报表的数据进行纵向（连续几年）和横向（同一行业类似企业）的对比，判断会计报表所提供的信息是否存在变化与波动异常、验证财务报表所提供信息的内在逻辑及其与外部环境的匹配程度，找出需要进一步分析的问题。因此，财报使用者可以将企业前期或历史某一时期财务状况的信息与当下财务状况的信息进行对比，计算增减变动量和变动率，分析企业经营业绩或财务状况的发展变动情况；通过比较财务报表中各项目占总体的比重或结构，揭示出财务报表中各项目与总体的关系及其变动情况；将企业连续几年或几期的财务报表进行对比，计算指数或完成率，分析各项目的变动情况和趋势；与同一行业类似企业的相关数据进行对比，评价企业各指标变动趋势的合理性，从而预测企业未来的发展趋势。

3. 修正财务报表信息

在比较财务报表的基础上，关注企业采用的会计原则、会计政策、会计估计及其变更情况，解释财务报表差异或变化的原因，分清财务报表数据变化是受主观因素影响还是客观因素影响，是可持续性影响还是临时性影响，是实质性影响还是报表粉饰的影响，等等，发现企业经营管理中存在的风险，调整、剔除不可靠、不相关的信息，得到能够满足财报使用者决策需求的财务报表信息。

1.3.2 分析——评价财务能力与财务质量

财报是企业经营状况的真实反映，为财报使用者提供有用、客观的信息。投资者可以根据财报判断一家企业的经营状况、经营成果和现金流量，由此对企业的财务能力和财务质量进行评价。

1. 财务能力

（1）偿债能力。任何一家企业想要维持正常的生产经营活动，必须有足够的现金或者随时可变现的流动资产，以偿付各种费用和债务。因此，偿债能力是企业经营者、投资者和债权人等都十分关心的问题。尽管财报使用者站的角度不同，分析目的也有所区别，但通过对企业偿债能力的分析，可以了解企业的财务状况，判断企业所承担的财务风险大小，预测企业的筹资前景等，为投资决策等提供重要参考。

（2）营运能力。营运能力主要指企业营运资产的效率与效益。营运资产的效率通常指资产的周转速度；营运资产的效益则指营运资产的利用效果，即通过资产的投入产出比来体现。不同的财报使用者通过分析企业的营运能力，能够判断出企业资产的流动性和利用效益，进而预测获得预期收益的可能性。

（3）获利能力。企业从事经营活动，直接目的是最大限度地赚取利润并维持企业持续稳定的经营和发展。持续稳定的经营和发展是企业获取利润的基础，而最大限度地获取利润又是企业持续稳定发展的目标和保证。只有不断地获取利润，企业才可能发展；同样，获利能力较强的企业具有更高的活力和更好的发展前景。企业获利能力具体体现为企业的融资能力、投资决策能力、生产能力和成本控制能力等，其能力高低能够体现出企业的管理水平与效率。通过分析企业获利能力，企业管理人员可以发现企业发展中存在的问题，找出改进企业管理的突破口，提高企业经营管理水平；债权人可以据此审查、判断企业的长期偿债能力；投资人可以据此进行投资决策。

（4）发展能力。发展能力通常是指企业未来生产经营活动的发展趋势和发展潜能，也称为企业增长能力。企业追求健康的、可持续的增长，这需要管理者利用股东和债权人的资本进行有效运营，合理控制成本，增加收入，获得利润，在补偿了债务资本成本之后实现股东财富增加，进而提高企业价值。这种增长的潜力就是企业的发展能力。不同的财报使用者通过对企业发展能力进行分析，能够预测企业未来的成长性，评估企业价值。

2. 财务质量

（1）资产质量。资产质量是指特定资产在企业管理系统中发挥作用的质量，具体表现为变现质量、被利用质量、与其他资产组合增值的质量以及为企业发展目标做出贡献的质量等方面。资产对不同的企业而言，具有相对有用性。一项资产，即使是物理质量再好，如果在特定企业中不能发挥作用，也不能算作该企业的优质资产，而只能算作不良资产。资产的质量是企业未来获利能力的来源。

（2）利润质量。利润质量，主要涉及企业利润的形成过程、利润结构以及利润的结果等。高质量的企业利润，应当表现为企业所依赖的业务具有较好的市场发展前景、利润结构较为合理、利润具有较好的支付能力、利润所带来的净资产的增加能够为企业的未来发展奠定良好的基础。

（3）现金流量质量。现金流量质量是指企业的现金流量能够按照企业的预期目标进行运转的质量。现金流量质量较高的表现应该是各类活动的现金流量周转正常、现金流转状况与企业短期经营状况及长期发展目标相适应。

通过分析财报，可以了解企业的资产质量、利润质量和现金流量质量，从而由简单的数量比较深入到质量水平的评价。

1.3.3 慧眼——把握企业经营策略

财报综合反映了企业的财务状况、经营成果及现金流量。企业的所有活动都会体现到企业的财务报表中，只不过不同的活动对报表的影响程度不同。反过来，也可以从财务报表的构成、数额及变动情况来推测企业的活动，从整体上相互联系地全面评价企业的财务状况和经营成果。所以，通过深入解读财报，可以明确企业财务活动与经营活动的相互关系，找出制约企业发展的"瓶颈"，了解企业的长期和重大决策，甚至通过分析企业所拥有的资源与布局的变化，了解企业所处的市场地位、技术水平、发展方向等，进而把握企业的竞争力、风险及价值所在。

1. 资产的配置

资产的配置隐含着企业的经营策略。企业的资产可以分为经营性资产和非经营性资产，如果非经营性资产占比较大，势必影响企业的经营能力。当企业的资产规模增加，新增的资产是配置到经营性资产还是非经营性资产中，体现了企业的投资策略与未来盈利能力。企业的资产又可以分为经营性资产和投资性资产，从两者的配置情况可以看出企业的经营模式，是自主生产经营还是依靠对外投资来取得利润。企业的资产还可以分为流动资产和非流动资产。一般情况下，流动资产变现能力较强，盈利能力较低，风险较小；而非流动资产特别是固定资产、无形资产等，变现能力较弱，盈利能力较强，风险较大。只有合理地配置流动资产和非流动资产，才能形成企业现实的生产力，否则可能会造成资产的闲置。在流动资产中，通过分析各个项目所占的比重可以了解企业的销售策略、支付能力、生产能力与稳定性等。

2. 财务风险

财务风险有广义与狭义之分。广义的财务风险是指企业在各项财务活动中，由于不可预测或者难以控制的因素导致实际收益与预期收益出现偏离，从而使企业蒙受损失的可能性。企业的经营活动中时时面临着财务风险，具体表现为筹资风险、利率风险、投资风险、资金回收风险、流动性风险、信用风险、汇率风险、资本运营风险和收益分配风险等。狭义的财务风险又称筹资风险，是指企业在筹资活动中由于决策不当导致财务结构不合理或者过度负债，进而使企业面临财务危机的风险。狭义的财务风险可以通过静态的资本结构和动态的资本结构来衡量。通过观察企业资本结构的变动情况，可以看出企业的财务实力与财务风险。

3. 财务战略

财务战略，是指企业立足于整体，结合企业的现状和未来，用长远的眼光去规划企业的财务活动。企业的财务战略需要与企业的发展战略相配套。通常，企业的财务战略一般分为扩张型财务战略、稳健型财务战略、防御型财务战略以及收缩型财务战略。扩张型财务战略一般表现为短期内迅速扩大投资规模，采取剩余利润分配政策，尽最大可能将全部或大部分利润留存在企业，同时，大量筹措外部资金，短期内体现出资产迅速增长。稳健型财务战略一般表现为投资规模长期且稳定增长，保留部分利润，内部留利与外部筹资相结合。防御型财务战略一般表现为保持现有投资规模和投资收益水平，保持或适当调整现有资产负债率和资本结构水平，维持现行的股利政策。收缩型财务战略一般表现为维持或缩小现有投资规模，分发大量股利，减少对外筹资，甚至通过偿债和股份回购归还投资，企业的资产水平和所有者权益明显减少。

4. 发展阶段

企业所处的发展阶段不同，体现出的财务特征也不同。企业在发展初期，各环节处于磨合状态，此时企业固定资产的利用率较低，材料消耗水平较高，为了开拓市场需要投入大量的资金，为了吸引客户产品的定价水平较低，导致企业总体盈利水平不高，经营活动现金流量常常入不敷出。随着企业的发展壮大，企业进入成长期和成熟期，此时资产的利用水平大幅上升，研发投入加大，产品盈利水平稳步增长，现金流量除短期由于季节性等因素影响外，一般经营活动产生的现金流入量大于现金流出量。当企业进入衰退期，其经营活动的现金流量持续表现为流入量小于流出量，研发投入减少，对外投资与对内投资同时减少，出现萎缩的现象。财报使用者可以通过综合分析财务报表，得出企业的财务状况，进而判断出企业正处于哪个发展阶段。

1.3.4　思考——提升决策水平

一家好的企业，从财务角度来讲必须具有可持续性。财报使用者阅读分析的是反映企业过去经济事项的财报，其目的在于通过了解企业过去的发展状况，判断企业潜藏的风险和蕴含的机遇，找出其发展变动的规律性与可持续性，进而预测其未来的发展方向与发展水平，最终做出合理的决策。所以，关注企业的未来发展前景，提升决策水平，才是财报使用者的终极目标。当然，只靠财报预测不一定准确，还应考虑宏观经济运行的周期性和宏观经济政策（包括货币政策、财政政策等），企业所在行业的竞争程度与企业的市场议价能力、企业的竞争策略和拥有的非财务资源等因素。

第 2 章

健康状况——揭示企业家底的资产负债表

- 投资者最关注的是一家企业是否有钱和能否挣钱。投资者判断企业是否有钱,未来能否挣钱,依靠的是体现企业家底的资产负债表。
- 企业资产通常包括现金、银行存款、短期投资、应收及预付款项、存货、长期股权投资、债权投资、厂房、机器设备、运输工具、专利、土地使用权等。总之,企业需对外列示的资产复杂多样,所以资产负债表的项目越来越多。
- 企业的资金来源通常包括两大类:一类是需要偿还的,即负债,如银行借款、信用负债、债权人投入的资金、暂未支付的款项等;一类是不需要偿还的,即所有者权益,如股东投资、企业的经营利润等。
- 资产负债表反映的是企业在报表日的财务状况。

2.1 常见的资产负债表格式

常见的资产负债表格式为账户式,如表2-1所示分为左右两列,左边为资产,即企业拥有或者能控制的所有资源;右边为负债和所有者权益,即所有资源的来源。

表2-1 资产负债表

编制单位: 　　　　　　202×年12月31日　　　　　　单位:元

资产	期末余额	上年年末余额	负债和所有者权益（或股东权益）	期末余额	上年年末余额
流动资产:			流动负债:		
货币资金			短期借款		
交易性金融资产			交易性金融负债		
衍生金融资产			衍生金融负债		
应收票据			应付票据		
应收账款			应付账款		

第 2 章 健康状况——揭示企业家底的资产负债表

（续表）

资产	期末余额	上年年末余额	负债和所有者权益（或股东权益）	期末余额	上年年末余额
应收款项融资			预收款项		
预付款项			合同负债		
其他应收款			应付职工薪酬		
存货			应交税费		
合同资产			其他应付款		
持有待售资产			持有待售负债		
一年内到期的非流动资产			一年内到期的非流动负债		
其他流动资产			其他流动负债		
流动资产合计			流动负债合计		
非流动资产：			非流动负债：		
债权投资			长期借款		
其他债权投资			应付债券		
长期应收款			其中：优先股		
长期股权投资			永续债		
其他权益工具投资			租赁负债		
其他非流动金融资产			长期应付款		
投资性房地产			预计负债		
固定资产			递延收益		
在建工程			递延所得税负债		
生产性生物资产			其他非流动负债		

(续表)

资产	期末余额	上年年末余额	负债和所有者权益（或股东权益）	期末余额	上年年末余额
油气资产			非流动负债合计		
使用权资产			负债合计		
无形资产			所有者权益（或股东权益）：		
开发支出			实收资本（或股本）		
商誉			其他权益工具		
长期待摊费用			其中：优先股		
递延所得税资产			永续债		
其他非流动资产			资本公积		
非流动资产合计			减：库存股		
			其他综合收益		
			专项储备		
			盈余公积		
			未分配利润		
			所有者权益（或股东权益）合计		
资产总计			负债和所有者权益（或股东权益）总计		

2.2 财大气粗——资产

资产是企业的资源,企业的资产越多,说明企业可以管控的资源越多,规模越大。现金、存货、固定资产和无形资产等都是企业资产的具体形态。了解企业资产的分布状况,就可以掌握企业资产结构的变化。企业资产分为流动资产和非流动资产。在资产负债表上,资产是按其流动性(也称变现力)由强至弱的顺序排列的。预计能在一年或一个营业周期内变现的资产,如货币资金、短期持有的有价证券、应收款项、存货等,称为流动资产;而那些需要一年或一个营业周期以上变现的资产,如厂房、设备、长期投资、无形资产、商誉等,则归为非流动资产。

2.2.1 一分钱难倒英雄汉——货币资金

货币资金是指企业的生产经营资金在周转过程中处于货币形态的那部分资产。货币资金可以立即投入流通,用于购买商品、劳务,或者用来偿还债务。在企业的所有资产中,货币资金的流动性是最强的。持有货币资金是企业进行生产经营活动的基本前提，因此企业必须拥有一定数量的货币资金用于日常支付和偿债。需要提醒的是，不能立即支付使用的，如银行冻结存款，不能视为货币资金。

货币资金包括库存现金、银行存款和其他货币资金。库存现金指存放在企业的现金，对于企业而言，库存现金数额一般不大（由银行核定其存放的限额，超过限额及时送存银行），主要用于企业日常的零星支出。库存现金的支付能力最强，因此其安全、完整是最重要的。银行存款是货币资金的主要部分。其他货币资金是指企业因特定目的而存放在银行某个专户里的资金，例如，临时到外地采购，在采购地银行开立的只付不收专户里的资金，为取得银行本票、汇票、信用证、信用卡而存入银行的资金，已存入证券公司但还未购买证券的资金等。相较于库存现金和银行存款，其他货币资金的变现能力最差，甚至存在比较大的变现风险，例如各种保证金性质的存款，其使用就受到限制。

如果企业拥有很多其他资产却没有货币资金会怎样？这就像我们在日常生活中有车、有房产、有股票，但是却没有现金，平时想买些什么东西就会是一分钱难倒英雄汉，尴尬又无奈。同样，对于企业而言，没有足够的货币资金不仅无法满足其临时性资金的需求，还会影响企业支付工资、税费等必须以现金支付的项目，甚至有可能面临被债权人申请破产清算的局面。

没有货币资金不行，那么货币资金是越多越好吗？显然不是。原因在于，货币资金在企业的经营资产中获利能力较低，有时是企业临时借入或高息借入的，企业拥有大量货币资金反而会降低其盈利能力，所以货币资金并非越多越好。只有将货币资金及时转为存货、固定资产或对外投资，让其参与企业资金的周转与循环，才能为企业带来收益。

企业的货币资金如果主要来自产品、劳务的销售，那么说明该企业的整体状态比较健康。如果企业的货币资金大部分来源于负债或者投资者的股权融资，那么说明企业自身的造血能力不足，主要靠"输血"过日子。企业的货币资金发生较大变动时，一般要关注其变动的原因是否合理，例如企业销售规模的变化、信用政策的改变、是否为大笔资金支付做准备、资金的调度、所筹集的资金尚未使用等。企业的货币资金关系到企业的长久运营，因此，企业平时应加强对货币资金的管控。

2.2.2 出钱又出力——应收款项

应收款项是指企业的各种短期债权，主要包括应收账款、应收票据、预付账款、应收利息、应收股利和其他应收款等。

1. 应收账款

应收账款是企业在经营过程中因销售商品、提供劳务，应向购买单位收取但尚未收取的款项，其中包括应由购货方或接受劳务单位负担的税金、代购货方垫付的包装费以及各种运杂费等。应收账款的产生一般有以下原因。

（1）企业扩大销售额。在市场竞争日益激烈的当下，很多企业为了在市场竞争中占有一席之地，采取了增加市场份额、扩大市场占有率的经营策略。同时抛弃了过去"一手交钱一手交货"的现销销售方式，转而采用赊销的手段，即先让买家拿到商品或劳务，过一段时间再支付款项，此时买家就产生了应付账款，企业形成了应收账款。

（2）减少库存。企业生产出来的商品，只有销售出去，才能取得收入，获得利润。长期大量囤积商品对企业来说不仅占用资金，还会产生仓储、管理等费用，甚至出现毁损和减值的风险。此时企业可以通过赊销的方式来降低库存量。

另外，应收账款也可能是由于销售与收款产生的时间差造成的。由于采用赊销方式，销售货物与收到货款中间会有一定的时间差，在这种情况下，企业的商品已经发出，还没有收到货款，只能确认为应收账款。

从企业经营的角度来看，应收账款属于债权，但其是否能及时、足额收回，主要取决于购买方的财务状况和信用状况等。应收账款存在无法收回的可能性，具有高风险，无法收回的应收账款被称为坏账。按照谨慎性原则的要求，企业并不是在发生坏账时才确认坏账损失，而是预先计提坏账准备金，形成一个预防坏账风险的"储备池"，即在应收账款存续期间，按一定的基数和标准计提坏账准备，当实际发生坏账时，从"储备池"中冲减即可。计提坏账准备涉及计提范围、提取方法和提取比例等。计提的选择空间较大，如何计提，由企业相关人员进行估计后决定。

应收账款是在销售过程中被购买方所占用的资金，企业在生产商品时需要垫付材料、工资、费用等生产成本，且应收账款有成为坏账的风险，因此企业应该对应收账款进行有效管理，在权衡应收账款的收益与成本的基础上制定相应的信用政策。信用政策是企业对应收账款进行规划与控制而确立的基本原则性行为规范，是企业财务政策的一个重要组成部分。信用政策主要包括三部分内容：①信用标准——对谁可以赊销，赊销额度是多少；②信用期间——赊销期限，即多长时间内付款；③现金折扣——对在信用期限内提前付款的客户的付款优惠。企业只有及时收回应收账款来弥补生产经营过程中的各种耗费，才能保证持续健康地经营下去。

由于应收账款的多少受销售模式的影响，因此应收账款也反映了企业在市场中的地位。强势的企业不会产生太多的应收账款，相反，还有可能是先收钱再发货。当然，销售模式的变化也要看行业的整体情况。同时也要注意，由于应收账款的产生（按收入确认）不需要货款实际到账，只要货物发出或合同签订即可，因此企业有可能通过营造大量的应收账款来达到虚增资产的目的。关注应收账款，要关注应收账款的规模及其变动情况是否与企业的销售规模、信用政策、收账政策相匹配，是否存在长期挂账、客户财务困难等影响应收账款质量的因素，是否是由于会计政策变更和会计估计变更的影响，特别是计提坏账准备是否合理，是否存在应收账款巨额冲销行为和不正常的应收账款增长等情况。企业的应收账款管理是信用管理的重要组成部分，因此企业平时应加强对其的监督管理工作。

2. 应收票据

应收票据是企业因销售商品和材料、提供劳务等产生的商业汇票，是企业应该取得但尚未取得的外部资金。应收票据分为银行承兑汇票和商业承兑汇票。两者的出票人均是企业，但银行承兑汇票到期时，无论债务人是否有能力支付票款，银行都会保证无条件支付确定金额给收款人或持票人；而商业承兑汇票到期时，如果债务人无力支付票款，银行不会保证无条件支付确定金额给收款人或持票人，此时收款企业如果收不到款项，应收票据就会转为对债务人的应收账款。也就是说，对于收款方而言，银行承兑汇票比商业承兑汇票更可靠。企业持有的应收票据中银行承兑汇票越多，说明企业产品的销售能力与地位越强；而企业持有的商业承兑汇票越多，则表明企业对买方要求比较宽松，企业承受的兑付风险就越高，说明企业产品的销售能力与地位较低。相较于应收账款，应收票据风险小且更加灵活。企业若流动资金短缺，可以将应收票据在其未到期时背书转让或到银行贴现，以此作为一种支付手段用于支付或是提前收回一定的款项。

3. 预付账款

预付账款是企业为取得生产经营所需材料物资等按照购货合同的规定与要求，预先以货币资金或货币等价物支付给销售方的款项。一般来说，如果销售方提供的商品或劳务特别稀缺，具有不可替代性，或是商品或劳务价值较高，生产周期又较长，那么销售方会要求购买方在提供商品或劳务之前预付一笔资金，这笔资金对于购买方来说形成预付账款，而对于销售方，则形成预收账款。预付账款是企业的债权，但一般情况下，企业未来并不会收到款项而是收到材料物资等，因此预付账款不能作为货币性项目用于支付或偿债。

应收账款是货发出去了，钱没有收回来；而预付账款是钱打出去了，还没有收到货。预付账款与应收账款都体现了企业的议价能力和市场地位。

值得注意的是，预付账款也可能存在猫儿腻，企业可以通过对外打款的方式为自己虚增资产,甚至还可以进行隐匿的资金转移。

4. 其他应收款

其他应收款的发生通常是由企业间或企业内部往来事项引起的,主要是指除应收账款、应收票据、预付账款等以外的各种应收、暂付款项。例如,应收出租包装物租金,应向职工收取的各种垫付款项,备用金,其他各种应收、暂付款项等。

"其他"二字,从直觉上来讲,是不能归为正常分类而剩余的事项。这些事项一般对整体影响不大,没有必要单独列为一类,且其内容多种多样,企业也不可能事无巨细地花费较大的精力去明确与披露。因此,其他应收款也是个容易藏污纳垢的地方,有的企业将一些别有目的的资金放在其中,隐藏其真实来源。例如,隐藏投资、截留收益、私设小金库、违规拆借资金、关联方转移和占用资金,将应计入当期成本费用的支出计入其他应收款等。因此,在此提醒投资者注意,在阅读财报时,涉及此部分内容,要仔细阅读财务报表附注,了解其具体的构成与形成原因。

2.2.3 难得糊涂——存货

存货是指企业在日常活动中持有以备出售的产成品或商品、处在生产过程中的在产品、在生产过程或提供劳务过程中耗用的材料和物料等。存货与企业的生产经营直接相关,在资产负债表中占有较大的比重,其真实性与准确性对资产负债表和利润表均有较大的影响。因此,存货是阅读财报时重点关注的对象。通过存货可以直观地看到企业的运营状况与经营战略。

1. 种类多，进出频繁，实物管理难度较大

企业的存货处处可见，种类繁多，具体包括不同种类和不同存放地点的原材料，正在生产制造的在产品，已经完成部分加工工序、仍需要进一步加工、存放在库房的自制半成品，全部完成生产过程、准备对外销售的产成品或商品，以及生产过程中耗用的周转使用的材料等。为了保证企业生产经营的正常进行，存货的形态不断变化：或是以材料形式存在的储备资金，或是加工了一半的零部件、半成品，或是已加工完成等待销售的产成品等，从投入生产到进入产成品库存环节的存货均属于生产资金。之后产成品从库房发出，作为商品进入销售过程。在整个生产经营过程中，存货进进出出，收发频繁，管理难度较大。由此，企业会定期或不定期对存货进行盘点和抽查，以确保存货数量真实可靠。

2. 计价多样，价值选择空间较大

存货在取得时，一般按历史成本计价；在发出时，计价方法包括个别计价法、先进先出法、加权平均法和移动平均法等；在期末时，采用成本与可变现净值孰低法计价。

在资产负债表中列示的存货是期末存货，其金额是企业按成本与可变现净值孰低法重新确认的数额。按历史成本原则确定的存货，当其历史成本低于可变现净值时，两种方法确定的期末存货价值一致；当存货的可变现净值下跌至成本以下时，按成本与可变现净值孰低法确定的存货期末金额就会低于按历史成本法确定的存货期末金额，这更能体现存货的价值。

在物价变动较大时，存货计价方法对财务报表中显示的企业财务

第2章 健康状况——揭示企业家底的资产负债表

状况和经营成果产生重要影响。首先，存货计价方法对利润计算有直接影响。随着商品的销售，存货价值作为销售成本转移到利润表中，形成收入的抵减项目，因此计入利润表的存货价值大小直接影响当期利润的多少。同时，期末采用成本与可变现净值孰低法计价时产生的二者之间的差异，也影响当期资产减值损失，进而影响当期的利润数额。其次，存货计价方法对资产负债表有关项目数额的计算有直接影响，体现在期末流动资产总额和所有者权益等项目上。存货在取得时一般按历史成本计价，企业发出存货时由于选择少转或多转成本，在影响了当期利润的同时，也使继续留在资产负债表中的存货数额呈反方向变化，转到利润表中的价值多了，留在资产负债表中的就相对少了，这直接影响期末的流动资产总额，进而影响所有者权益。同时，由于利润增加，扣除所得税后企业未分配利润也增加，最终也会影响到所有者权益。另外，存货计价方法通过影响期末资产数额和当期利润数额，势必对应交所得税数额的计算产生一定的影响。有的企业采取当期少转成本、期末存货高计价的方式"营造"当期利润，表面上看，当期利润数额大了，期末资产数额也多了，相应地所有者权益也增加了。但其副作用也非常明显：一是当期需要缴纳的所得税数额增多，二是代表企业家底的资产虚增，企业的后劲不足，实质是人为营造的虚假繁荣景象。

由于存货计价方法多样，且采用不同的方法导致的经济后果有所不同，因此企业一经选择某一方法进行存货的计价，一般不得随意变动。但个别企业可能发生计价方法的变更，同时会在财务报表的附注中进行说明，此时财报使用者结合外部市场存货价值变动的趋势，就可以判断出企业是由于市场存货经营条件的变化还是出于财务报表粉饰的原因进行的存货计价方法的变更。

3. 减值风险，防不胜防

存放在企业的存货也不是高枕无忧的，其实物数量和市场价格随时有可能发生变化。除了正常的损耗（如具有挥发性的产品）外，企业也会面临存货降价和毁损的风险。比如产品更新换代，竞争对手的新产品突然面世，其功能完全可以替代市场上的老产品，而企业的仓库里还存有大量的老产品，此时这些老产品势必面临被降价处理的局面。再比如，也可能是消费者偏好发生改变而使市场上产品的需求发生变化，导致产品的市场价格下跌。另外，存货也会因为存放不当、管理不善，发生霉烂变质、过期、损坏、丢失的可能。所以企业需要对存货计提跌价准备并进行定期、不定期的盘点核查。

4. 对待存货的态度，事关经营策略

存货只有卖出去才能给企业带来利润。不同的企业对待存货的态度是不一样的，有的企业是采取薄利多销的策略，表现为存货周转速度较高，存货的毛利水平不高；有的企业采用的是撇脂战术，在短期内获得高回报，追求的是较高毛利，特别是对于一些被模仿可能性较大的产品，在新产品面市之初，定价较高，迅速收回成本，等到同类产品陆续上市，企业已经通过高定价将产品的成本收回了，转而研发新的产品。当然，还有的企业对存货采取了长期持有的方式，例如房地产企业捂盘惜售，待其价格上涨取得高收益，而不再追求高周转。

5. 剖析存货，关注重点

存货是阅读财报时重点关注的对象，也是与企业的生产经营直接

相关的指标，分析存货可以直观地看到企业的运营状况与经营战略，主要包括四个方面。一是看存货的构成，包括各类存货规模与变动情况，也包括各类存货结构与变动情况。存货与企业的多个经营流程挂钩，如生产多少产品、卖出多少产品、市场需要多少产品、需要买入多少材料等，这些在年报的存货项目明细中均可以找到。存货的种类、数量及存放时间的变化也能反映出企业经营策略的变化。大量存货可能意味着企业销售面临困难，也可能意味着企业判断未来市场价格上行，先囤货待涨。二是关注存货的计价，特别是在通货膨胀条件下，存货的不同计价方法对资产负债表和利润表产生的影响较大，剔除计价方法影响后的金额，才是企业真实的存货水平。三是关注存货的质量，可以从存货的技术状态、周转能力、盈利能力、变现能力等方面进行考察。四是要注意存货跌价准备是否正常。存货跌价准备反映了企业对其存货贬值程度的认识水平和可接受水平。由于确定存货可变现价值具有一定的主观性，因此存货跌价准备正常与否的标准可以参照行业均值与产品的特征。存货跌价准备表现不正常，说明存货的价值可能经过了企业的粉饰。为了虚增利润，企业可能少提存货跌价准备，有保质期和使用寿命较短的或者更新换代速度较快的产品，尤其要引起大家的注意。有的企业的存货价值无法直接评估，这就给企业带来了很大的"发挥空间"，存货也容易沦为调节产出和利润的工具。有的企业将计提的存货跌价准备毫无征兆地大额转回，实质上也隐含调节利润的可能。

2.2.4 变幻莫测——对外投资

1. 对外投资的分类

企业出于发展的需要或有闲置的资金时，要对外进行投资。企业可以根据自己的战略目标合理地选择对外投资的方式。

（1）按拥有的权益不同，企业对外投资可分为股权投资和债权投资。股权投资形成被投资企业的资本金，而投资企业则拥有被投资企业的股权，如购买上市公司的股票、兼并投资、联营投资。按投资对被投资企业的影响程度的不同，股权投资又分为控制、共同控制、重大影响和重大影响以下。

控制是指在被投资企业，由投资企业说了算，其财务与经营政策由投资企业决定，此时被投资企业称为投资企业的子公司；共同控制是指在被投资企业，由投资企业和其他投资方共同说了算，每一方均没有单独决策权，此时被投资企业称为投资企业的合营企业；重大影响是指投资企业有权参与被投资企业的财务与经营政策的制定，但仅有发言权，没有最终决策权，决策权在控制方或共同控制方，此时被投资企业是联营企业；重大影响以下，举例来说，是指投资企业在交易市场上购买了某企业的股票，没有达到重大影响及以上水平，近期也没有继续大量购入的计划，投资企业更倾向于通过股价的变动赚取差价，此时的投资企业会关注该企业，但一般情况下不会为其出谋划策。

债权投资形成被投资企业的负债，而投资企业是被投资企业的债权人，包括购买各种债券和租赁投资。债权投资与对外股权投资相比，具有投资权利少、风险小等特点。

（2）按投资方式不同分类，对外投资分为实物投资与证券投资。实物投资属于直接投资的一种，是指将现金、实物、无形资产等直接投入被投资企业，为从事某种生产经营活动创造必要条件。实物投资具有与生产经营紧密联系、投资回收期较长、投资变现速度慢、流动性差等特点。实物投资包括联营投资、兼并投资等。证券投资属于间接投资的一种，是指用现金、实物、无形资产等购买或折价取得其他单位有价证券（如股票、债券等）的对外投资。

2. 对外投资的会计核算

对外投资的核算工作在财务核算中比较复杂且难度较高，财务报表需要对各种投资行为及投资过程中发生的各种可能性都做详尽考虑。尽管理解起来有些复杂，但总体上讲，对外投资要满足相关性原则，尽可能反映其公允价值，以便让财报使用者更加客观地了解企业投资过程和投资所能获得的现实价值。

（1）长期股权投资。企业进行的股权投资，达到控制、共同控制和重大影响的，划分为长期股权投资单独核算。长期股权投资有两种核算方法：投资企业若控制被投资企业，采用成本法核算；若共同控制或具重大影响，按权益法核算。成本法是指长期股权投资按投资的实际成本计价的方法。该方法下当企业增加对外长期投资时才增加长期股权投资的账面价值，企业收到的被投资企业分配的利润确认为投资收益，不调整长期股权投资的账面价值。权益法是指长期股权投资按投资企业在被投资企业所有权中所占比例计价的方法。长期股权投资采用权益法时，除因增加或减少股权而引起长期股权投资账面价值发生增减变动外，投资企业因被投资企业产生利润或发生亏损，也都要相应增加或减少其长期股权投资的账面价值。例如，被投资企业本年取得利润1000万元，分配利润800万元。若采用成本法，被投资企业取得利润1000万元，此时企业的长期股权投资账面数额不变；当被投资企业宣告分配利润时，投资企业将按投资比例（假定80%）增加投资收益640万元。若采用权益法，被投资企业取得利润1000万元，此时投资企业的长期股权投资账面数额应按投资比例（假定30%）同时调增收益300万元；当被投资企业宣告分配利润时，投资企业将按投资比例调减长期股权投资账面价值240万元，同时增加应收利润或股利，实际收到利润时，增加货币资金，此时，投资企业长期股权投资账面价值会净增加60万元。

控制往往与企业合并相关。会计上的企业合并是指两个或两个以上单独的企业（主体）合并成一个报告主体的交易或事项。企业合并可分为吸收合并、新设合并和控股合并。《企业会计准则》将企业合并分为同一控制下的企业合并和非同一控制下的企业合并。对于同一控制下的企业合并，在财报中列示的长期股权投资是按被合并企业的净资产账面价值的份额计算的；而非同一控制下的企业合并，在财报中列示的长期股权投资是按合并企业出资的公允价值计算的。

通俗地讲，同样是企业合并，由于企业与被合并企业之前的关系不同，在财报上列示的数额也不同。例如甲企业用1000万元与乙企业合并，合并时，乙企业账面净资产为600万元，公允价值800万元。若采用吸收合并，假定甲、乙企业的合并是同一控制下的企业合并，合并后甲公司新增的资产是按乙企业资产的原账面价值600万元计算的，

第 2 章 健康状况——揭示企业家底的资产负债表

投入与取得相抵（1000万元-600万元）后，净资产会减少400万元；假定甲、乙企业的合并是非同一控制下的企业合并，合并后甲公司的账面净资产保持不变，但资产项目中，甲公司新增的资产是按乙企业资产的公允价值800万元计算，会出现200万元（1000万元-800万元）的差额，即形成商誉。若采用控制合并，假定甲、乙企业的合并是同一控制下的企业合并，合并后甲公司长期股权投资数额为600万元，所有者权益会减少400万元；假定甲、乙企业的合并是非同一控制下的企业合并，合并后甲公司长期股权投资数额为1000万元，在合并报表中会出现商誉200万元。

（2）其他对外投资。企业进行债权投资和重大影响以下的股权投资，按《企业会计准则第22号——金融工具确认与计量》的要求进行核算，分别通过交易性金融资产、债权投资、其他债权投资、其他权益工具投资等科目进行核算。交易性金融资产是指企业持有的以短期获利为目的，从二级市场购入的股票、债券、基金等。交易性金融资产是以公允价值计量且其变动计入当期损益的金融资产。债权投资是指为取得债权而进行的投资，如购买公司债券、国库券等。债权投资是以摊余成本计量的金融资产。其他债权投资是以公允价值计量且其变动计入其他综合收益的债权类投资。其他权益工具投资是以公允价值计量且其变动计入其他综合收益的股权类投资。其他对外投资中，除债权投资期末以摊余成本计量外，交易性金融资产、其他债权投资、其他权益工具投资等期末均按公允价值进行计价，只是公允价值与原账面价值的差额是计入当期利润表还是计入资产负债表存在差别。若投资划归为流动资产，会在短期进行处置，则其公允价值与原账面价值的差额作为投资收益计入当期利润表；若投资本身是长期的，则划归为非流动资产，其公允价值与原账面价值的差额计入资产负债表，避免由于公允价值的波动对利润造成影响。

3. 对外投资的意义

企业对外投资的目的是获利。对外投资的获利方式有两种：一是持有收益；二是出售价差。持有收益指企业持有对外投资期间，通过利息收入、分红或投资的增值取得收益。当然，这种收益与风险相关。企业进行债券投资，到期收回本金，风险较小，收益比较稳定；进行股权投资，没有到期日，风险较大，收益也有较大的变动性。出售价差就是企业将持有的对外投资在市场价格较高时卖出，赚取价差收益。

了解企业对外投资的意义首先应关注企业对外投资的意图。企业对外投资的意图大致有如下几个：通过投资与被投资企业建立和维持稳定的业务关系或控制被投资企业；扩大规模或增强企业多样化经营；战略规划或利用闲置资金；赚取持有收益或赚取出售价差。通过分析企业对外投资的方式，可以了解其资产配置。其次，关注对外投资的获利性。尽管企业的投资方式不同，意图不同，但投资的最终目标都是盈利。通过比较投资收益与投资成本，分析不同投资的收益水平。通过对比报表附注与现金流量表，了解投资的收益是真实到账的收益还是账面收益，并由此关注投资的风险。投资风险包括变现力风险、购买力风险、财务风险、利率风险和市场风险等。

（1）变现力风险。变现力风险指投资者无法在资本市场上以正常的价格将投资卖出的可能性。例如直接投资，投资者因为急需资金需要马上出售投资,但没有合适的交易机会,故不得不承受损失,以较低的价格出售。

(2)购买力风险。通货膨胀时,货币的购买力迅速降低,就是购买力风险。例如进行债券投资,能取得6%的利息率,若同期通货膨胀率达8%,表面上看企业的债券投资取得了6%的收益,实质亏损了2%。

(3)财务风险。例如,购买股票时,会出现被投资方因经营不善导致股票价格下跌甚至退市的风险;购买债券时,存在因被投资方发生重大亏损或信用缺失而导致投资者无法收回本金和利息的风险。

(4)利率风险。对于债券投资者来说,利率的上升会使债券价格下降,造成损失。

(5)市场风险。市场价格常常会出现波动,每天都有不同的市价。以股票市场为例,受经济因素、政治因素、汇率因素以及人们的心理因素等的影响,股价下跌,让投资者遭受损失,这就是市场风险。不同的投资方式风险不同,债权投资风险较小,股权投资风险较大。

对外投资较为复杂,往往是财报粉饰的重灾区,特别是对外长期股权投资,投资企业与被投资企业形成关联方,更容易产生利益输送。长期股权投资会因为投资额占被投资企业的资本比例不同,而在资产负债表上表现出不同的数额。例如,同样的投资额,是否达到控制,决定了投资企业是采用成本法还是权益法核算,两者长期股权投资的账面数额不同,投资收益确认的时间与数额也不同,即同时对资产负债表和利润表产生影响。是否具有控制权决定了投资企业的核算方法，而对控制权的判断除了可按通常的数量标准（占被投资企业的投资总额大于50%）进行之外，在具体的投资中还可按实质重于形式的原则进行判断。有的企业会利用对控制权的判断对长期股权进行调整。另外，是同一控制还是非同一控制，投资企业长期股权投资的账面价值也不同，有的企业会隐瞒投资前与被投资企业的关系，将同一控制下企业合并按非同一控制下企业合并进行处理，比如有的企业在进行同一控制的企业合并时，会先通过将被投资企业卖出再买入的方式，来达到按公允价值入账和通过商誉来"壮大"其规模的目的。在阅读财报时，要联系投资收益、现金流量及财务报表附注中的说明，来仔细判断长期股权投资的真实性和风险程度。

2.2.5 战略储备——非流动/流动资产

1. 固定资产（非流动资产）

（1）固定资产的分类。固定资产是指企业使用期限超过1年的房屋、机器、建筑物、运输工具，以及其他与生产、经营有关的设备、工具、器具等。固定资产能够在若干个生产经营周期中发挥作用，并保持其原有的实物形态，但其价值会因损耗而逐步减少。会计准则对固定资产的时间标准做了具体规定，但未规定其价值标准。企业可结合自身的经营内容、经营规模确定本企业资产价值标准。固定资产是企业的劳动手段，也是企业赖以生产经营的主要资产。固定资产按使用情况和经济用途分为生产用固定资产、非生产用固定资产、未使用和不需用固定资产、融资租赁固定资产等。

（2）固定资产的列示价值。资产负债表中列示的固定资产是指固定资产原值减去累计折旧、固定资产减值准备、固定资产清理后的金额。固定资产原值是指固定资产入账时的历史成本。由于固定资产的取得包括外购、自建、盘盈、投入、捐赠等不同方式，因此其计价方式也不同，一般有原始价值、重置完全价值、净值（折余价值）3种。折旧是指固定资产由于损耗而减少的价值。此处的损耗包括有形损耗和无形损耗。企业一般按固定资产的类别计提折旧。影响折旧的因素有：固定资产原值、折旧年限、预计净残值等。对于折旧年限，会计准则没有具体规定，企业一般按税法的规定计提。计提折旧的方法主要有直线法（包括平均年限法、工作量法）、加速折旧法（包括双倍余额递减法、年数总和法等）。采用直线法计提折旧，固定资产的价值平均分摊给其使用的各个期间；加速折旧法是考虑固定资产在前期完成的工作量更多、维修费用较少，而在其使用的后期呈现相反的特征，故采用在固定资产使用的前期多计提折旧，在后期少计提折旧的方法。此外，由于税法允许将计提的折旧作为税前费用予以抵扣，因此采用加速折旧法时，能够减少前期的所得税额，也符合会计的谨慎性原则。会计期末，企业通过对固定资产的账面价值与可回收金额进行比较，确定固定资产的减值。固定资产清理是反映企业因出售、报废和毁损等原因转入清理的固定资产价值以及在清理过程中所发生的清理费用和清理收入，清理结束后，将固定资产清理的净损益转入利润表的相应科目中。

（3）固定资产需关注的重点。固定资产实物形态多样，分布广泛，占用的资金数额大，占用时间长，是企业资产管理的重点。固定资产往往代表企业的生产能力，其在资产中的比重也揭示着企业的经营模式，因此，在阅读财报时，使用者需重点关注有关固定资产的以下4个方面。

第一，固定资产的总体规模与变动情况。固定资产的总体规模可以从其原值和净值两个角度来衡量。固定资产的原值反映了固定资产的占用量，也可以说是以价值形式表示的实物量，尽管固定资产的原值是根据不同来源采用不同的计量属性，但仍是以历史成本为主。若不考虑物价变动的影响，固定资产原值代表了企业在生产性资产上的投入。固定资产净值则更多地反映了固定资产的新旧程度，这与企业采用的折旧方法也有一定的关系。固定资产的规模并非越大越好，而是需与企业生产经营的规模相适应，同时也要与流动资产保持一定的比例关系。与总资产相比，若固定资产所占的比重较高，会造成企业对外部市场的应变能力降低，财务风险加大，即船大难调头；同时也可能出现资产闲置，资产利用率降低，折旧费用变高，导致企业获利能力下降。若固定资产所占的比重较低，企业的偿债能力提高，财务风险下降，但由于流动资产的获利能力较低，此时会造成企业的整体获利能力下降；同时，由于固定资产一般需要投资建设期，其生产能力的形成需要一段时间，因此，当市场出现机会时，企业也会因没有生产能力而不得不放弃。从企业的发展来看，企业要扩展业务，关键是要扩大生产规模，即要增大固定资产的规模。因此，当企业固定资产的规模发生较大幅度减少时，需要关注减少的原因：是技术发展、产品更新换代而更换新设备，还是设备使用寿命到期必须更换？是因战略转型，如由生产经营型转为对外投资型，将重资产调成了轻资产，还是企业陷入了财务困境，不得不变卖固定资产用于偿债？

第2章 健康状况——揭示企业家底的资产负债表

第二，固定资产结构与变动情况。固定资产的结构反映了固定资产的配置情况，合理配置固定资产，既可以在不增加资金占用量的同时提高企业生产能力，又可以使固定资产得到充分利用，提高资产使用效果。固定资产的结构主要包括：生产用固定资产与非生产用固定资产的占比，未使用和不需用固定资产的占比，以及生产用固定资产的内部结构，即各项生产用固定资产的占比。在固定资产中，机器设备等生产用固定资产与企业的生产关系密切，一般在固定资产中占比较大；非生产用固定资产在固定资产中占比较小，主要占用在职工文化和生活方面，也是企业不可缺少的部分。未使用和不需用的固定资产是目前企业闲置的固定资产，其占比越大、时间越长，给企业造成的损失也就越大。因此应积极查找原因，看究竟是投资决策造成的闲置，还是日常管理不到位造成的闲置，抑或是故意拖延不处理造成的闲置。要特别注意的是，企业有时为了粉饰财务报表，会将固定资产在固定资产和持有待售资产之间转来转去，将固定资产的损失隐藏在资产负债表中，夸大本期利润。

第三，固定资产折旧。企业在进行固定资产的折旧时，会计准则允许企业在多种折旧方法中选择。不同的折旧方法主要会影响到企业资产负债表中固定资产的价值及当期利润，最终对企业的财务报表造成影响。因此在关注固定资产折旧时，要关注固定资产折旧方法的合理性，是否与科技发展、所处环境相适应，是否符合国家规定，是否与企业的实际情况相符合；要关注固定资产预计使用年限和预计净残值确定的合理性，是否存在利用会计估计调整折旧费用的现象；还要关注企业固定资产的折旧政策是否前后一致，折旧政策一经确定，不得随意变动,如果折旧政策出现变动,则要注意财报是否存在粉饰的可能。

第四,固定资产减值准备。固定资产减值是由有形损耗和无形损耗造成的,如因技术进步使得原有的固定资产需要更新换代,或固定资产毁损,已经不具有使用价值和转让价值等。固定资产减值是固定资产实物数量未发生变化,其生产能力发生了变化,价值降低。关注固定资产的减值,主要关注固定资产减值准备变动对固定资产的影响,固定资产可回收金额的确定是否合理,固定资产发生减值对生产经营的影响,分析企业是否存在多提、少提固定资产减值准备、虚增利润的现象。

2. 在建工程

在建工程是指固定资产处于新建、扩建、改建、改造过程中,还未达到预定可使用状态,不能投入使用。在建工程项目中包含为在建工程准备的各种物资,在建工程一旦达到可使用状态,就应转入固定资产,开始计提折旧。

3. 持有待售资产

持有待售资产中的固定资产是指企业已经就处置该非流动资产作出决议,企业已经与受让方签订了不可撤销的转让协议,该项转让将在一年内完成的固定资产。当固定资产被划分为持有待售资产,其将在一年内出售处理,因此在财务报表的流动资产中列示,并且不再计提折旧。计入持有待售资产的固定资产和计入固定资产清理的固定资产的区别是:持有待售固定资产虽已经签订转让合同,在未来的一年内给对方,但是目前还没有给对方,通常是货物给对方了,但是没确定收入,货物只能先记在持有待售资产中;而固定资产清理是确切发生了，所有的手续基本完成。

4. 投资性房地产

企业自建或购买的房产及附着物，不管是住宅、写字楼、商铺还是厂房，如果是以自用为目的，划归为固定资产；若是房地产企业建造的用于出售的房产，则划归为房地产企业的存货；若既不是自用，也不是房地产企业的存货，是企业为赚取租金或获取房产增值或二者兼有，则划归为投资性房地产，具体包括已出租建筑物、已出租的土地使用权、持有并准备增值后转让的土地使用权等。

投资性房地产在计量时，既可以采用成本模式，也可以采用公允价值模式。一个企业的投资性房地产只能采用一种计量模式。若已经采用了公允价值模式计量，不得再转回按成本模式计量。投资性房地产若采用成本模式计量，后续和固定资产一样，需要计提折旧。采用成本模式计量，表明企业比较谨慎，房地产的公允价值变动在企业的财务报表中体现不出来。若采用公允价值模式计量投资性房地产，则当房价上涨时，公允价值与原账面价值的差异，会计入"所有者权益"的"其他综合收益"项目中，只影响资产负债表，避免企业利用公允价值的变动调节利润。因此，财报使用者在关注投资性房地产时，要重点关注其采用的计量模式。值得注意的是，个别企业会利用投资性房地产与固定资产之间的划分，将房地产在投资性房地产与固定资产之间进行转换，如先将固定资产转换成按公允价值计量的投资性房地产，之后再变更使用用途和目的，将其转回到固定资产，这样固定资产由历史成本转为公允价值，摇身一变价值甚至翻几倍，当期的资产、净资产数额相应加大，从表面上看，企业的实力增强，未来会通过折旧影响企业的多期利润。

2.2.6 深不可测——无形资产与商誉

1. 无形资产

无形资产是指企业拥有或者控制的没有实物形态的可辨认非货币性资产。按照定义，企业的无形资产包括品牌、议价能力、人力资源、市场营销网络与渠道、企业文化等。但按会计要求，必须能够以货币计量的部分才能纳入会计核算体系，在财务报表中列示，所以目前能够计列到财务报表的无形资产主要包括专利权、非专利技术、商标权、著作权、土地使用权、特许权等，并且只对其可计量的部分进行核算。外购的无形资产根据买价确认其价值，会计处理较容易；但是自创的无形资产，由于自创过程具有不确定性，计量较复杂，因此企业需通过研发支出进行核算。研发支出是指企业因技术研究和技术开发而花费的各项费用。如企业为计划开发一项新技术而产生的市场调研费、购买试制设备费、试制材料费，以及研发人员的工资等。研发具体分为研究阶段和开发阶段，不同阶段发生的费用最终归集的去向不同。在研究阶段，企业并没有明确开发什么产品或技术，对于研究探索是否能够形成研究成果具有很大的不确定性，企业无法确定这部分支出能否带来经济回报，因此，此阶段发生的支出全部费用化，计入当期利润表的"研发费用"项目中。如果企业已经明确了要研究的产品或技术，并且在企业内部做了正式立项，明确了开发进度、开发预算、开发目标和开发要求，最终出来的成果能够成为以后生产产品的技术或专利，企业的投入具有一定的针对性，形成成果的可能性较大，为企业带来经济回报的可能性较大，那么这部分支出从开始立项到最终完成都会资本化，即体现在资产负债表的"研发支出"项目中。当研发结束后，这部分金额汇总后会转移到无形资产中进行核算和摊销。

尽管会计上对研究支出和开发支出做了区分，但在实务中，由于研发活动的复杂性，研究阶段和开发阶段的划分具有很强的主观性。企业究竟是将研发支出计入当期研发费用，还是作为资本化费用列在资产项目下，待研发结束转入无形资产，有一定的操作空间。一般来说，获利能力较高的企业更倾向于将研发支出费用化；对于创业初期或经营困难的企业，更倾向于将研发支出资本化。同时由于无形资产也要像固定资产一样，将其价值在使用寿命确定的期间内分摊到当期利润表的管理费用，即无形资产的摊销，对于创业初期和经营困难的企业或将研发支出长期挂账，不进行结转，这样企业的资产数值较大，当期的利润也较大。另外，对于使用寿命不确定的无形资产，不进行摊销，期末进行减值测试。若发现有减值，将减值计入当期利润表。

由于无形资产的价值难以确定，因此有的企业利用此点，不计提减值，虚增资产。尽管无形资产不具有实物形态，且其给企业带来的经济利益具有很大的不确定性，但随着技术的进步，无形资产对企业生产经营活动的影响越来越大。在关注无形资产项目时，需要结合财务报表附注，了解无形资产的价值及质量。首先，关注企业拥有的无形资产价值。企业拥有的无形资产越多，其竞争能力和可持续发展能力就越强。不同来源的无形资产，在资产负债表中列示的金额不同。例如同样是无形资产，自创的无形资产，在无形资产项目下只能反映其部分价值，远小于外购无形资产的价值，同时还有大量的无形资产无法计入财报中。所以，无形资产的价值要谨慎评价，很可能其实际价值比报表上的数额要大得多。其次，关注无形资产的质量。由于无形资产具有不确定性，随着技术的进步，原有的无形资产很可能一夜之间价值全无。此时，一是要关注无形资产的具体项目构成，判断其受法律保护的程度；二是要关注无形资产的摊销与减值是否合理，是否存在利用摊销与减值调节利润的行为。以此来判断无形资产的真实价值。

2. 商誉

商誉通常是指企业在同等条件下，预期将来能获得高于正常投资报酬率所形成的超额利润价值。企业由于所处地理位置优越、经营效率高、历史悠久等多种原因，预期的获利能力超过可辨认资产正常获利能力，即与同行企业比较，可以获得超额利润。而对于这部分超额利润的现值计算十分复杂，受人为因素影响较大，因此在会计上，只有发生企业合并才可能确认商誉。对于非同一控制下的企业合并，当取得的被投资单位可辨认净资产的公允价值小于合并成本时，其差额为商誉。若是吸收合并，商誉体现在合并方的财务报表中；若是控股合并，商誉体现在合并财务报表中。商誉不进行摊销，只进行减值测试。当被投资单位获利水平低于预期，甚至开始亏损，商誉就可能减值，减值一经确定，不得转回。

由于商誉一般情况下数额巨大，且不进行摊销，其存在将对资产、所有者权益产生长远影响。有的企业通过企业合并，人为形成商誉，如将同一控制下的企业合并转换成非同一控制下的企业合并，达到粉饰财务报表的目的。

2.3 双刃剑——负债

负债包括短期负债和非流动负债。负债的构成与企业商业模式高度相关，有息负债和经营性负债的比重，是财报使用者需要重点关注的对象。负债对于企业来说是把双刃剑，当企业自有资金不足时，会向债权人借款，形成负债，保证企业正常生产经营的持续。但借款是需要还本付息的，企业若不能很好地利用所借来的资金，不能及时偿还负债，那么就会加大财务负担，使企业财务状况进一步恶化。当然，如果企业利用资金获利的收益水平高于借款的利率，那么就会产生杠杆效应，即借款金额越大，利用资金获利总额扣除利息后剩余的利润就越大，对所有者来说会增加每股盈余。

例如，当企业全部资金的利润率为8%，企业取得贷款的利率为5%时，如果在全部资金中贷款比例占50%，所有者将获得11%的利润率；若在全部资金中贷款比例占80%，所有者将获得高达20%的利润率。相反，若企业全部资金的利润率低于5%，只达到4%，此时企业仍须按5%的利率支付贷款利息；若在全部资金中贷款比例占50%，所有者将只获得3%的利润率；若在全部资金中贷款比例占80%，企业需要用全部利润偿还贷款利息，所有者利润率为零；若贷款在全部资金中所占的比例进一步变大，所有者的利润率为负，则企业挣的钱将不足以支付债权人的利息。另外由于利息是税前列支项目，其还有税收挡板的作用，也就是说，支付给债权人1元的利息，所有者可以少缴0.25元的所得税（所得税税率按25%计算）。因此，欠债并不一定是件坏事儿，投资者往往容易产生误解。经营性负债（如对上游企业的应付账款）及预收账款，实际上体现了企业在产业链上的地位及经营管理的能力。对于有息负债，企业通过债务融资，增加了自己的资本规模，分散了股权投资者的投资风险，是对杠杆的运用。

2.3.1 救命稻草——流动负债

流动负债是指将在一年或一个营业周期内偿还的债务，主要包括短期借款、应付账款、应付票据、应付职工薪酬、应交税费、其他应付款等。流动负债一般只适合企业经营中短期、临时性的资金需要，不适合用于非流动资产的投资。流动负债具有期限短、数额小、利率低、到期必须偿还等特点，其发生的频率最高。合理运用流动负债，可以加大经营规模，节约自有资金；但若不能按期偿还，会影响企业的信用。流动负债的金额一般都是确定的，不会出现如资产计量的多样性问题。

1. 短期借款

短期借款是指企业向银行或其他金融机构借入的期限在1年以下（含1年）的各种借款。企业取得短期借款，主要是为了弥补生产经

第 2 章 健康状况——揭示企业家底的资产负债表

营资金的不足或为满足临时的资金需要。所以对于企业来说，一定数额的短期借款是必要的，其也从一个侧面反映了企业的借款能力。但如果短期借款数额较大，超出企业的需要，那么不仅会影响资金的使用效果，还会影响企业的偿债能力，会给企业的长期发展带来不利影响。因为短期借款的利息和本金的偿付是企业要面对的最直接的资金流出压力。通过短期借款的额度和利率，可以分析企业的资金状况甚至其承受的资金压力，但要注意是否存在借新款还旧债的现象。

2. 应付账款及应付票据

应付账款及应付票据与应收账款及应收票据是一个事物对立的两面。采用赊销方式销售商品，卖方形成应收账款或应收票据，对于买方而言，则形成应付账款或应付票据，两者的共同点是均基于商品（材料、商品或劳务）交易产生。企业的应付账款及应付票据数额会随着企业销售规模的变动而变动。当企业扩大销售规模时，会增加存货，相应地应付账款及应付票据也会增大。企业会利用应付账款及应付票据一般无成本的特点，充分利用销售方给予的信用政策。从另一个角度来说，应付账款及应付票据的规模也代表了企业的议价能力和在市场上的强势程度，只有质量高、信誉好的企业才能将其他企业的资源据为己用。当然，应付账款及应付票据还取决于企业的资金充裕程度。应付账款及应付票据到期不能偿还会影响企业的信用，这在企业经营中尤其重要。当企业资金充裕时，应付账款及应付票据的规模相对会减少。

关注应付账款及应付票据的规模，了解其合理性，进而评价企业的市场地位。特别需要关注的是，企业是否存在由于资金紧张，造成应付账款及应付票据不能及时偿付的情况。

3. 应付职工薪酬

应付职工薪酬是指企业为获得职工提供的服务而给予职工的各种形式的报酬及其他相关支出。企业因职工提供服务而产生的义务，全部纳入职工薪酬的范围，包括短期薪酬、离职后福利、辞退福利、其他长期职工福利等。

职工薪酬最终会通过不同的渠道计入利润表，来抵减利润。涨薪是激励职工最直接的手段，但要注意其合理性，例如高科技企业的薪酬水平要高于生产密集型的制造企业的薪酬水平。可以通过计算企业平均工资水平，结合企业的类型，来判断其合理性。值得注意的是，企业所说的职工薪酬与职工实际到手的工资之间有较大的差异。一是职工薪酬既包括短期薪酬，还包括长期职工薪酬，如离职后福利、辞退福利等，大部分是企业在职工在职时计提的薪酬福利，当职工离职或退休时，才能享受到。二是企业的短期薪酬不会全部在职工的工资单上体现，如工会经费、教育经费等，不发放到个人手中，在实际发生时从职工薪酬中支出；企业支付的职工薪酬的"五险一金"是企业负担的部分，与员工自己交付的部分不同，企业计存的部分一般计入集体账户，个人缴纳的部分计入个人账户。三是到手工资是企业扣除所得税及员工个人应负担的"五险一金"后付给员工的数额。应该注意的是，发放的货币性、非货币性福利也在职工薪酬之中。例如过节时，企业用自产的产品或外购的商品发放给员工，其费用也在职工薪酬中支出。

资产负债表中的应付职工薪酬是企业计提的职工薪酬（计入费用、成本）与发放或使用后的差额，并不代表未来会全部发放到员工手中，在资产负债表中数额也不会过大。若数额较大，则应注意企业是否有拖欠员工工资的现象。

4. 应交税费

应交税费反映企业应缴未缴的各种税金和附加费，包括流转税、所得税和各种附加费。缴纳税费是每家企业应尽的法定义务，企业应按有关规定及时、足额缴纳。应交税费的数额与企业的营业收入、利润息息相关，分析时应注意企业是否有拖欠国家税款的现象。

5. 其他应付款

与其他应收款类似，其他应付款也属于其他往来项目，是指与企业的主营业务没有直接关系的应付、暂收其他单位或个人的款项。一般情况下，其他应付款数额不大，变动也不大，但若其他应付款数额较大，则应引起高度重视。在分析其他应付款时，应结合财务报表附注提供的资料进行，一般应注意两点：一是其规模与变动是否正常；二是是否存在企业长期占用关联方企业资金的现象。

2.3.2 与世无争——非流动负债

非流动负债是指偿还期在一年或超过一年的一个营业周期以上的债务，主要包括长期借款、应付债券、长期应付款、预计负债、递延收益等。非流动负债具有期限长、数额大、利率高等特点，一般适合企业购建固定资产等长期投资的资金需要。企业的筹资策略和对待风险的态度不同，其非流动负债占总负债的比重也不同。有的企业采用激进型筹资策略，其流动资产所占用的资金主要靠临时性的流动负债来满足。这种方式对于企业来说，要不断筹措短期资金满足生产经营的需要，筹资的风险加大，但由于流动负债的成本比非流动负债的成本低，因此企业只要控制好风险，获得的杠杆效应也很明显。激进型筹资策略的特点是高风险、高收益，作为投资者，其更倾向于企业采用这种筹资策略——日常的筹资风险由企业承担，自己则能够获得更高的收益。有的企业采用稳健型筹资策略，大部分资金由非流动负债满足，只有少部分临时性流动资产所占用的资金由临时性流动负债来满足。也就是说，企业一些长期沉淀、数额基本不变的流动资产所占用的资金由非流动负债来满足。采用这种筹资策略，企业非流动负债占比较高，成本也较大，相对而言筹资的风险较小。稳健型筹资策略的特点是低风险、低收益，企业更倾向于采用这种筹资策略。当然，更多的企业希望采用配合性的筹资策略，既不激进冒险，又不过度稳健保守，即临时性的流动资产所占用的资金主要由临时性的流动负债来满足。

1. 长期借款

长期借款是指企业向银行或其他金融机构借入的、偿还期在一年以上（不含一年）的各种借款。长期借款属于企业重要的筹资决策，一般用于项目建设或长期研发，对于企业的生产经营会产生深远的影响。关注长期借款，不仅要关注其额度和利率，考察企业的筹资能力，更要关注负债结构与财务风险是否与企业的筹资策略一致。

2. 应付债券

企业发行的超过一年期以上的债券构成了企业的应付债券。若短于一年的债券通过流动负债的交易性金融负债核算。作为应付债券的购买方，一般在债权投资中核算。与长期借款相比，债券筹资的财务风险更高、限制条件更严，且筹资数额有限。正因为如此，企业进行应付债券筹资通常隐含着这样的信息：企业不愿分散其控制权；企业有长期的项目投资，且能获得较高的收益。

第 2 章 健康状况——揭示企业家底的资产负债表

3. 长期应付款

长期应付款主要是指企业应付的融资租赁固定资产的租赁费和以分期付款方式购入固定资产所发生的应付款项等。长期应付款具有融资性质,如航空公司多是采用融资租赁方式采购飞机,这样不必一次性支付较多的现金,就可以提前使用所需的资产,未来可以用融资租入资产的运营收入支付融资费用,尽管支付数额比目前一次性支付要多出一部分,但企业整体的资金压力会小很多。因此,财报使用者应关注长期应付款的整体规模与变动情况,评价其合理性,并注意企业是否有通过长期应付款粉饰报表的现象。

4. 预计负债

预计负债是因对外担保、未决诉讼、产品质量保证、重组义务、亏损性合同等很可能出现的赔付。预计负债是一个估计值,因为在资产负债表日,预计负债并没有真实发生,是管理层判断因上述事项会大概率导致企业要承担一定的责任而预先准备的资金。预计负债体现了谨慎性原则,其对本期以后期间的财务状况、经营成果和现金流量都可能产生影响,因此预计负债是财报使用者需要关注的重点,一般结合财务报表附注分析其形成原因、性质、可能性,判断其对财报的影响。

5. 递延收益

递延收益是尚未确认的收益,即在资产负债表日还未实现权利和义务的转移。例如根据政府补助准则确认的应在以后期间计入当期损益的政府补助金额,若确认收益,就转换成利润表的其他收益。递延收益应用的范围非常有限,因此其数额一般不大,若有数额较大、长期挂账的现象,则应注意是否存在与关联方之间的利益调整。

2.4 压舱石——所有者权益

所有者权益是所有股东在企业享有的利益总和，由企业所有资产扣除负债后剩余的部分构成，是所有者对企业净资产的要求权。所有者权益由所有者投入的资本、直接计入所有者权益的利得和损失、留存收益三部分构成，主要包括实收资本、资本公积、盈余公积、其他综合收益和未分配利润等。

从投资者角度，对企业进行投资后，企业获得收益，扣除支付债权人利息、缴纳所得税后的税后利润，理论上就全部归投资者所有。若企业对投资者进行利润分配，留在企业的部分就是留存收益。分析所有者权益时，往往需结合所有者权益变动表进行，其中需重点关注所有者投入、资本的减少以及资本公积的变化，了解企业盈利情况。通过以上几点，投资者和债权人能够知晓企业付给股东的款项是利润的分配还是投入资本的返还。投资者可以通过累计利润水平来判断企业管理人员的称职程度。

2.4.1 生来富二代——投入资本

投入资本是投资者或其他人提供给企业的资本，由实收资本（或股本）和资本公积（资本或股本溢价）两部分构成。这是企业投资者投入的部分，也是企业的基石，投入资本的规模决定了企业的规模。投入资本的来源途径主要包括投资者初始投资和后续的资本公积转入、盈余公积转入、利润分配转入和增资发行等。投入资本的来源方式主要有两种：一是投资者自掏腰包、真金白银的投入，即通常所说的输血，既能增加企业的注册资本和股东权益，又可以增加企业的现金资产或非现金资产，是公司最有利的增资方式；二是各种转入，实质是原本属于所有者的权益在各项目之间的转换，不会增加企业的现金资产或非现金资产，企业的净资产不变。

虽然实收资本和资本溢价都是投资者的投入，但前者是形成注册资本的部分，后者是投资者投入的资金大于注册资本的部分。例如，某投资者用100万元投资一家企业（注册资本200万元），按企业章程或合同的规定，该投资者在这家企业占有约40%的投资比例。此时投入企业的100万元分为了两部分，其中按注册资本与投资比例计算的80万元，计入企业的实收资本，而另外的20万元形成企业的资本公积（资本溢价）。

值得注意的是，投资者投入企业的资金除了形成实收资本（或股本）和资本公积之外，还可能以永续债和优先股的形式列示在其他权益工具项目中。企业所发行的金融工具究竟应当划分为金融负债还是权益工具，这要结合合同条款，根据会计准则的规定来界定。带有"债"字的金融工具并不必然被划分为金融负债，带有"股"字的金融工具也并不必然被划分为权益工具。这是因为，实践中的合同条款千变万化、构思精妙，往往不能仅凭字面意思来判断。这就是会计上实质重于形式原则的体现，也是一些财报使用者难以理解之处。

另外，难以理解的还有送红股和转增股本。送红股是指企业在进行利润分配时把利润分配额度折合为本企业的股份，以发放股票的形式来分配利润。这样，就不必动用企业的银行存款等资产，对于企业的扩大再生产有积极意义。转增股本是指企业将公积（资本公积、盈余公积）转化为股本。送红股、转增股本后的效果是相似的：企业的所有者权益的总额都不发生变化，但总股本（或实收资本）增大，同时每股净资产降低。送红股、转增股本的本质区别在于：红股来自企业的年度税后利润，因此，"送红股"只存在于企业有盈余的情况下；而"转增股本"却来自公积金，并不是对股东的分红回报，可以不受企业本年度可分配利润的多少以及时间的限制，只要将企业账面上的资本公积减少一些，增加相应的注册资本金就可以。

库存股，是指股份有限公司暂时持有的本公司已发行的股份。这些股份一般是通过收购方式获得的。公司回购股份主要基于以下目的：一是用于董事、管理者及核心员工的股权激励，实现利益捆绑和降低离职率；二是注销，减少注册资本。回购注销短期会提升股价，但从长期来看，会降低企业的价值。

2.4.2 艰难创业者——留存收益

留存收益包括以前年度取得的收益留存在企业的部分（盈余公积）、未分配利润和企业经营过程中形成的各种增值（包括其他资本

第 2 章 健康状况——揭示企业家底的资产负债表

公积、其他综合收益等）。盈余公积是指企业按照规定从净利润中提取的各种积累资金。盈余公积可以用于弥补亏损、转增资本，也可以分派现金股利。对于企业来说，盈余公积如果不用于弥补亏损，可以永久性使用，无须到期还本，是企业所有的资本来源中最为稳定的部分。未分配利润在所有者权益中占比越高，说明企业盈利能力越强，在其未进行分配之前，企业也无须支付使用成本。企业取得的利润到底是留在企业还是分配出去，主要由企业的股利政策决定。

除了投入资本和留存收益，企业所有者权益中还包括两个普通投资者不太熟悉的项目：其他资本公积和其他综合收益。

其他资本公积在一般的企业并不多见，主要是涉及股权激励的企业在期权到期前产生的其他资本公积，类似于资本溢价。采用权益法核算的长期股权投资，如果被投资方有其他资本公积，则投资方应当按其持股比例计算其在理论上应当分享的其他资本公积的相应份额。

其他综合收益是指企业按照会计准则的规定未在当期损益中确认的各项利得和损失，主要包括非流动资产和非流动负债在按公允价值计量时，其账面价值与公允价值之间的差额。企业拥有资产或负债，在采用公允价值计量模式时，会产生账面价值与公允价值之间的差异。当公允价值大于账面价值，即我们所说的增值，此时对于企业来说是利得；当公允价值小于账面价值，即我们所说的跌价，此时对于企业来说是损失。对于这部分利得或损失，会计上的处理有两种方式：一是直接计入当期损益，即计入利润表；二是计入其他综合收益，即计入资产负债表。两者的区别在于按公允价值计量的资产或负债本身的特性，若是由流动资产或流动负债产生的差异，计入当期损益；若是由非流动资产或非流动负债产生的差异，则计入其他综合收益。其他综合收益又可以分为两类：一是以后会计期间不能重分类进损益的其他综合收益项目；二是以后会计期间在满足规定条件时将重分类进损益的其他综合收益项目。以上两点也就是说，尽管其他综合收益是企业的收益，但暂时不能计入当期的收益中，其中一些永远也不能计入利润表，例如与职工退休金有关的部分；而另外一些在满足条件时，可计入利润表，即当对产生的其他综合收益的资产或负债进行处置时，由这些资产或负债产生的其他综合收益也要转入利润表，形成真实的收益或损失。要注意的是，其他综合收益不得转增资本。

第 3 章

健康之路——通过利润表看企业是否赚钱

利润表是反映公司一定时期经营成果的报表。对许多普通投资者来说，上市公司年报提供的信息量往往过于繁杂，这让不具备专业财务知识的投资者在面对一张张财务报表时往往无所适从。而"利润"在许多人心里是简明易懂的代表性指标，即使不具备专业财务知识，大家也能根据利润的盈亏和增减对企业业绩做出初步判断。但殊不知在现行会计准则下产生的"利润"却内藏玄机，同样是利润，含金量却差别很大。本章将为投资者解析利润表，解读利润的构成，认清企业究竟是拥有真金白银还是只是纸上富贵。

3.1 纸上富贵——利润的构成

根据现行会计准则的要求，利润表的编制基础是权责发生制。权责发生制在第1章已经介绍过，此处结合利润以销售商品为例再做一个通俗的解释：本期销售商品有可能收到现金，也有可能未收到货款，但是利润表中"收入"和"利润"都有可能增加，也就是说在现行会计准则下确认的收入和利润与现金没有直接关联。而利润除了与经营业务有关，也与企业的投资、筹资活动密切相关，比如购买股票和债券的短期收益、借款利率的调整，甚至汇率的波动等都有可能影响企业的利润。

本节我们从两个角度对企业利润的构成进行解读：一是从投资者角度将利润分为四部分来分析利润的"含金量"；二是从会计利润形成的角度分析利润的构成。

3.1.1 从"含金量"看利润的构成

此处的"含金量"可以理解为利润的质量，常以利润创造现金的能力评价。同为利润，有的利润能为企业带来实实在在的资金流入，有的则是纸上富贵，能否转变为真金白银不仅取决于企业的努力，有时还要"看别人脸色"，甚至是"看天吃饭"，有的利润更像水中月、镜中花，看得见摸不着。从含金量的角度分析，我们将利润分为以下四部分。

1. 落袋为安的利润

落袋为安是指企业以现金实现的利润。利润是企业当期收入减去费用后的净额。以制造业企业的经营活动为例，收入的主要来源是销售产品，费用则包括与本期销售有关的产品成本，企业经营期间发生的管理费用、销售费用等。关于收入与费用的构成将在3.2节做详细介绍，此处我们从现金流的角度将当期确认的收入简单分为两类：一类是当期收回或前期预收了现金；另一类是赊账销售，当期未收到现金。在会计上，这两种情况都会使利润表中的收入和利润增加，但是对企业资产和现金流的影响却大不相同。落袋为安指第一种情况，意味着企业当期销售变现，收入以现金形式收回，此时企业不仅利润会增加，现金流也会增加，资金在经营中形成良性循环，我们认为这种利润质量较好，或者说利润含金量较高。

以现金实现的利润不仅来源于经营活动，企业收到的现金股利也是落袋为安的典型表现，它来源于企业的投资活动。与收入相似，并非所有的投资收益都可以收回现金，但现金股利一定是能增加现金流和利润的投资收益。

2. 握在别人手中的利润

握在别人手中的利润指会计上实现了利润，但并未收回现金，"何时收回现金、能否收回现金"等问题的决定权并不完全掌握在企业手中，甚至在很大程度上掌握在别人手里。比如以赊销方式销售商品，货款未收到，但是满足会计上收入的确认条件，此时会计上会增加一项名为"应收账款"的资产。如果到本期期末（如销售当月的月末）该项货款仍未收回，当月列报的利润表上由该笔销售业务产生的收入和利润会增加，但是没有现金流入。如果客户按照合同约定到期付款，未来企业会有现金流入；如果客户违约不能按时付款，应收账款有可能延期，甚至成为坏账。

一般情况下，企业与客户如有长期稳定的合作关系，应收账款回收期也相对固定，"利润"与"现金流入"即使不是同期实现，在一段时期内也会基本平衡。但如果应收账款回收情况不好，不仅会影响企业的现金流，还会影响企业将来的业绩。这种"握在别人手中"的利润能否变现已经不是销售方自己能决定的了。例如某知名家电生产企业就曾因为坏账问题使企业近十年的利润几乎一夜间消失殆尽。所以这类利润有一定风险，不能保证将来都能形成有效的现金流。

3. 看天吃饭的利润

看天吃饭是指企业因持有资产或负债的价值波动而产生的损益，比如从证券市场购入的少量股票，在持有期间由于股价上升而暂时产生的利润，这种利润本质上并未实现，而且在很大程度上不受企业控制，所以叫看天吃饭的利润。

按照现行会计准则的要求，以公允价值计量且其变动计入当期损益的金融资产，由于公允价值变动而产生的损益计入当期利润。普通投资者可以将"公允价值"近似地理解为股票的市价。通俗地解释就是，当企业购入的股票确认为上述资产时，该股票在账上记录的价值随着市价的波动而改变，由此产生的损益计入当期利润表。英语词组Unrealized Holding Gain（未实现持有收益）非常形象地解释了这种利润的性质，即它是没有实现的利润，是一种典型的纸上富贵：这月末若股价高于成本，账面上表现为利润；下月末若股价下跌，则有可能是亏损。直至这部分股票被处置，才是真正实现了损益。

类似这种看天吃饭的利润还有一种典型情况就是，汇率波动导致的外币资产或负债计价金额变动产生的损益。比如企业有一笔以欧元计价的应收账款，按照规定会计期末需按照当日汇率折合成人民币在报表中披露，若欧元升值，折换为较高价值的人民币，产生当期汇兑收益；若欧元贬值则相反，产生汇兑损失。但这种损益也只是账面上的波动，并未真正实现。

4. "水中月、镜中花"的利润

"水中月、镜中花"是指虚幻的利润，看得见摸不着。如果说看天吃饭的利润不是真实的利润，但划分为这一类的利润至少还有变成真金白银的机会，而"水中月、镜中花"的利润本质上不能称其为利润，更不会形成现金流，典型的例子是通过债务重组形成的收益。比如M企业欠材料供应商C企业一笔货款，债务到期时M企业没有现金还款，双方协商后同意M企业以一部自有小轿车偿债。根据最新的债务重组准则，当小轿车账面价值低于原欠款账面价值时，M企业会确认债务重组收益。这种收益会增加企业利润，但这种利润既不是经营所得，也不是投资所得，更不会带来现金流入。本来是发生了现金周转困难的企业，捉襟见肘地以非现金资产清偿了债务，却因为债权方放松了还债的条件而产生了所谓的利润，这种利润是没有一点儿含金量的。

3.1.2 利润表的构成

根据我国财政部发布的《企业会计准则》，目前我国利润表的基本内容如表3-1所示。

表3-1 利润表

编制单位： 　　　　202×年度　　　　　　　　单位：元

项目	本期金额	上期金额
一、营业收入		
减：营业成本		
税金及附加		
销售费用		
管理费用		
研发费用		
财务费用		
其中：利息费用		
利息收入		
加：其他收益		
投资收益（损失以"—"号填列）		
其中：对联营企业和合营企业的投资收益		
以摊余成本计量的金融资产终止确认收益（损失以"—"号填列）		

第3章 健康之路——通过利润表看企业是否赚钱

（续表）

项目	本期金额	上期金额
净敞口套期收益（损失以"—"号填列）		
公允价值变动收益（损失以"—"号填列）		
信用减值损失（损失以"—"号填列）		
资产减值损失（损失以"—"号填列）		
资产处置收益（损失以"—"号填列）		
二、营业利润（亏损以"—"号填列）		
加：营业外收入		
减：营业外支出		
三、利润总额（亏损总额以"—"号填列）		
减：所得税费用		
四、净利润（净亏损以"—"号填列）		
（一）持续经营净利润（净亏损以"—"号填列）		
（二）终止经营净利润（净亏损以"—"号填列）		
五、其他综合收益的税后净额		
（一）不能重分类进损益的其他综合收益		
1.重新计量设定受益计划变动额		
2.权益法下不能转损益的其他综合收益		
3.其他权益工具投资公允价值变动		
4.企业自身信用风险公允价值变动		
……		
（二）将重分类进损益的其他综合收益		
1.权益法下可转损益的其他综合收益		
2.其他债权投资公允价值变动		

(续表)

项目	本期金额	上期金额
3.金融资产重分类计入其他综合收益的金额		
4.其他债权投资信用减值准备		
5.现金流量套期储备		
6.外币财务报表折算差额		
……		
六、综合收益总额		
七、每股收益:		
(一)基本每股收益		
(二)稀释每股收益		

利润表也可以叫作"综合收益报表",它不仅显示了利润的构成,还列示了综合收益的金额,表3-1中的主要项目之间存在一定的数量关系,我们从最终结果向前追溯,看一下利润表的构成。

1. 综合收益总额

综合收益由净利润和其他综合收益两部分构成,其数量关系为:

$$综合收益总额 = 净利润 + 其他综合收益的税后净额$$

其中,净利润反映了企业在某一会计期间的经营成果,而其他综合收益是指不计入当期损益,但会导致所有者权益发生变动且与股东投入资本或向股东分配利润无关的利得或损失。综合收益最终反映的是企业所有者权益的变化,净利润是综合收益的主要组成部分,或者说净利润是企业靠自身经营而实现资本保值增值中最核心的部分。

2. 净利润

净利润是企业当期创造的利润总额扣除所得税费用后的净额，也称为税后利润。公式如下：

$$净利润=利润总额-所得税费用$$

3. 利润总额

利润总额即税前利润，由两部分构成：企业营业活动创造的利润以及营业活动外的利得和损失。公式如下：

$$利润总额=营业利润+营业外收入-营业外支出$$

营业外收入和营业外支出，顾名思义，指企业发生的与其生产经营活动无直接关系的"营业外"收入和支出，比如企业接受捐赠利得（营业外收入），或者由于自然灾害等产生的非常损失（营业外支出）。这些均不是经营活动引起的，但也是企业盈亏的一部分，因此将其列在"营业利润"之外，但计入利润总额。

4. 营业利润

营业利润即企业营业活动创造的利润，此处的"营业活动"包括了企业日常的经营和投资活动。如前文所述，营业利润的形成不仅有企业自身努力的结果，还受很多客观因素的影响。为了便于理解和分析营业利润的构成，我们把表3-1中营业利润的构成项目分成以下几部分。

（1）营业收入、营业成本、税金及附加。营业收入和营业成本是企业主营业务和其他业务产生的收入及相关成本；税金及附加指应由营业收入补偿的各种税金及附加。

（2）期间费用。期间费用指不计入产品成本、发生时直接计入当期损益的费用，此处包括表3-1中的销售费用、管理费用、研发费用和财务费用。

（3）资产减值损失和信用减值损失。资产减值损失反映的是企业的存货、固定资产等资产因发生减值确认的损失；信用减值损失反映的是企业按准则要求计提的各项金融工具的减值准备所形成的预期信用损失，如预计不能收回的坏账损失等。

（4）投资收益和公允价值变动收益。把它们列在一起是因为这两个项目都与企业投资活动密切相关。投资收益（或损失）是企业对外投资所取得的收益或发生的损失，公允价值变动收益（或损失）反映企业以公允价值计价的资产因公允价值变动而形成的收益或损失。

（5）资产处置收益和其他收益。资产处置收益（或损失）指企业处置固定资产、无形资产等产生的损益，其他收益反映企业收到的与其日常活动相关的政府补助所形成的收益。

5. 表中暗藏的利润指标

为了更好地分析利润的构成，这里介绍两个表3-1中未列示的重要指标。

（1）毛利。毛利是企业营业收入扣除营业成本后的净额，对于以经营活动为主的企业来说，这是其创造的第一层次的利润，它的大小决定了企业创造净利润的空间。该指标与企业所处的行业及经营业务种类有很大关联。公式如下：

$$毛利 = 营业收入 - 营业成本$$

（2）核心利润。此处借用张新民教授的观点引入"核心利润"指标。公式如下：

$$核心利润 = 毛利 - 税金及附加 - 期间费用$$

以生产制造企业为例，如果把企业创造利润的营业活动分为经营和投资两大类，那么核心利润反映的是企业核心经营业务创造的收益，而投资活动实现的收益则主要通过投资收益项目呈现。值得注意的是，分析利润构成时需结合企业的经营模式，某些投资型公司自身没有生产经营业务，此时其核心利润水平有可能较低甚至出现负数（没有销售收入但会发生经营费用），但这不代表企业业绩糟糕，对其利润的分析需结合"投资收益"项目。

3.2 开源节流——收入、成本与费用

收入、成本与费用是决定企业利润的因素,因此,企业如果想创造更多的利润,就要做到开源节流,即一方面创造更多的收入,一方面控制好各项成本与费用(成本和期间费用)的支出。

3.2.1 收入

1. 收入的构成

利润表中的收入项目有两个,即营业收入和营业外收入。但根据会计准则对收入的定义,后者并不真正属于收入的范畴。收入是指企业在日常活动中形成的、会导致所有者权益增加的、与所有者投入资本无关的经济利益的总流入,比如销售商品、提供劳务等获取的收入等。营业收入计算公式如下:

$$营业收入=主营业务收入+其他业务收入$$

第3章 健康之路——通过利润表看企业是否赚钱

对于大多数经营型企业来说,"主营业务收入"应该是其主要的收入来源,也是创造利润的第一源头。根据企业经营特点的不同,主营业务收入的来源不尽相同。如商品流通企业的主营业务收入为销售商品收入,加工制造企业的主营业务收入为销售产品收入,服务型企业则是通过提供劳务获取收入。收入的特点之一是其为企业在日常活动中形成的,"其他业务收入"也属于营业活动,但不是企业的主要经营活动,比如直接出售本应用于生产的原材料,或者对外出租企业自有资产所获取的租金收入等。

2. 收入的分析

投资者可以通过比较连续几期的收入情况来判断企业经营的稳定性和持久性。一般而言,当企业的营业收入持续稳定增长时,显示企业经营情况良好;反之,当企业营业收入波动较大甚至持续下降时,则表示企业的销售或经营出现了问题,此时需结合客观环境做进一步分析。如2020年蔓延全球的新型冠状病毒肺炎疫情对旅游、餐饮等行业产生了巨大的冲击,企业销售收入和利润必然大幅下滑。除去上述类似客观因素的影响,企业收入下降的原因还有可能是产品更新换代较慢,不能满足消费者需求;或者营销策略转变失败等。

分析收入的质量,还要结合另外两个项目:资产负债表中的"应收账款"和现金流量表中的"销售商品、提供劳务收到的现金"。"应收账款"的余额显示企业已确认为收入的款项有多少仍未收回,再结合应收账款的周转情况可以大致判断出企业赊销和收账情况。"销售商品、提供劳务收到的现金"则更直观地显示出企业当期因销售商品所收回的现金的多少。这个项目与"营业收入"项目的确认原则不同,现金流量表采用收付实现制编制，而利润表采用权责发生制编制。通俗地解释，"营业收入"金额是符合会计准则确认的本期收入金额，无论款项何时收回；"销售商品收到的现金"列示由于销售商品而在当期实际收到的款项，无论该收入在哪一期确认。长期来看，两个项目金额应基本持平，如果持续出现较大缺口，则提示存在收入无法收回甚至收入造假的可能。

3.2.2 成本与费用

1. 营业成本

与营业收入相对应，营业成本是企业发生的与主营和其他业务相关的成本。以生产经营型企业为例，营业收入主要是其生产销售产品获取的收入，营业成本则是销售产品的成本。

2. 税金及附加

税金及附加是企业日常活动应负担的税金和费用附加，包括消费税、城市维护建设税和教育费附加等，由营业收入补偿。

3. 期间费用

期间费用是指不归属于某个特定对象的费用，发生时按照归属的期间直接在当期损益中扣除，包括以下几项。

（1）销售费用。销售费用一般是企业在销售环节发生或者专设销售机构发生的费用。有些企业为了促销产生了大量的广告费，致使当期销售费用较高。对这类费用的分析不应局限在传统的节流观念上，而是需要结合其创造的效益共同分析。以广告费为例，并非一味地减少费用对企业来讲就是有利的，如果大规模的促销产生了更大规模的销售增长，那么这就是良性的费用增长。

（2）管理费用。如果不拘泥于会计上对管理费用的界定，从普通投资者的角度理解这个项目，那么它就是指企业发生的为管理和组织生产经营而产生的各种费用。管理费用的涵盖范围非常广，既包括管理部门发生的办公费、业务招待费，也包括企业的各种咨询费、诉讼费、排污费等。可以说除了销售费用和财务费用以外，其他不能归属于产品成本的费用几乎都被纳入了管理费用。

（3）研发费用。研发费用与企业的研发支出相关，研发支出包括所有无形资产研究与开发过程中的支出，如耗费的材料、支付的工资、福利以及研发过程中使用设备的折旧等。并非所有的研发支出在会计上都符合资产的确认条件，或者更通俗地说，并非所有的研发支出最终都会形成能为企业创造收益的无形资产，在研发支出中无法构成无形资产的部分作为期间费用处理，即此处的研发费用。

（4）财务费用。财务费用主要由以下几部分构成：①利息相关费用，包括利息支出和利息收入；②外汇相关费用，由于汇率变动引起的汇兑收益或损失；③金融机构手续费等财务相关费用。利润表中的"财务费用"显示的是以上几项相加相抵后的净额，所以有时候我们会在利润表中看到以负数列示的财务费用，表示利息收入与汇兑收益超出利息支出与汇兑损失及其他相关财务费用后的净额。

3.3 无外财不富——其他营业活动收益

"其他营业活动收益"是个泛称,泛指除企业营业活动产生的收益外的各种收益,包括利润表中的其他收益、投资收益、公允价值变动收益和资产处置收益。

3.3.1 投资收益和公允价值变动收益

1. 投资收益

投资收益(或损失)是企业对外投资所取得的收益或发生的损失,可分为两部分:长期股权投资收益和金融资产投资收益。前者一般与企业长期投资和经营战略有关,如母公司对子公司的投资,其目的往往不是简单地获取短期收益;后者则反映企业金融资产的投资效果,比如在资本市场上短期投资股票获取的买卖价差收益、收到的现金股利和债券利息收入等,这种投资收益一般会直接产生现金流入。

长期股权投资产生的投资收益稍复杂些,普通投资者或许无法理解其计量时的复杂的会计规则,但在分析时需要了解以下两点。

第一，对子公司投资获取的收益是企业正常运营产生的可持续收益，但其金额不仅与子公司自身的经营状况密切相关，还取决于子公司对母公司的回报情况。换言之，如果子公司自身经营良好但是一直不向投资者分红，母公司报表上的投资收益也许会很难看，此时需结合子公司报表和合并报表分析整个集团的业绩。

第二，根据会计准则的规定，对合营或联营企业的长期股权投资，投资企业应按照被投资方实现净利润（或亏损）的固定比例（投资比例）确认投资收益，无论对方是否发放股利。

2. 公允价值变动收益

公允价值变动收益（或损失）反映企业以公允价值计价的资产因公允价值变动而形成的收益或损失。根据会计准则的要求，公允价值变动形成的损益影响企业当期营业利润，但这往往不是企业真正实现的利润，它会随着公允价值的变动而变动，以短期投资股票为例，股价的上涨会给企业带来账面收益，但只有将其出售，该收益才算真正实现。

3.3.2 资产处置收益和其他收益

1. 资产处置收益

资产处置收益（或损失）指企业处置固定资产、无形资产等产生的损益。企业出于战略调整的需要，或者由于产品更新换代需要调整资产配置，会主动处置某些固定资产和无形资产，此时的资产处置损益作为营业活动损益计入"营业利润"；但固定资产的报废、毁损等不属于企业主动进行的营业活动，其损失计入"营业外支出"，不体现在资产处置损益中。

2. 其他收益

其他收益反映企业收到的与其日常活动相关的政府补助形成的收益。政府补助分为两类：一类与企业日常活动有关，如用于研发费用的补贴，或者用于某些成本费用的补偿、因享受税后优惠而给予的税费返还等，这类因与企业经营活动有关，所以计入"其他收益"，在"营业利润"前列示；另一类补助则具有偶发性，且与企业日常经营活动无关，如企业因遭受重大自然灾害而接受的政府补助等，这类补助计入"营业外收入"。

3.3.3 资产减值损失和信用减值损失

资产减值损失是企业计提各种资产减值准备所形成的损失，包括存货、固定资产、在建工程、无形资产、长期股权投资等；而对于各类应收款项及债权投资等金融资产，则是依据对债务方信用变化的判断预计信用损失，计入信用减值损失。

3.4 神秘来客——利得与损失

利得是指由企业非日常活动所形成的、会导致所有者权益增加的、与所有者投入资本无关的经济利益的流入。与收入的定义相比较，不难发现二者的关键差别为：收入是"日常活动"形成，而利得是"非日常活动"形成。比如企业销售产品为日常活动，接受捐赠则为非日常活动，后者产生的经济利益流入就是利得。根据利得对当期损益的影响，利得又可以分为两类：直接计入当期损益的利得和直接计入所有者权益的利得，后者不会影响利润但是直接增加所有者权益。

与利得相对应，损失是指企业非日常活动所发生的、会导致所有者权益减少的、与向所有者分配利润无关的经济利益的流出。损失的内容具体包括企业在生产经营活动中发生的固定资产和存货的盘亏、毁损、报废损失，转让财产损失、坏账损失及自然灾害损失等不可抗力造成的损失等。

3.4.1 营业外收支

1. 营业外收入

营业外收入是指与日常营业活动无直接关联的收入，多具有偶发性质，因此不具有持续性。如取得的罚款收入、接受的捐赠、某些政府补助、债务重组利得等。该项目不影响企业营业利润，但计入利润总额。某些上市公司核心业务绩效很差时，有时会通过营业外收入进行粉饰，此时其利润总额的构成中营业外收入占比较大，甚至营业利润为负，通过营业外收入"扭亏为盈"，投资者需警惕这种情况。

2. 营业外支出

与营业外收入相类似，营业外支出是指与企业日常营业活动无直接关联的损失。如果说生产成本和经营费用是为获取收入而有意发生的，那么营业外支出则多是无计划或无奈的损失，如自然灾害损失、罚款、固定资产报废、毁损等。

3.4.2 其他综合收益

其他综合收益不是损益类账户，而是所有者权益类账户，它在利润表中的披露使利润表从单纯地反映企业当期损益扩展至展现企业的综合收益。综合收益反映的是刨除股东投资和向股东分红两种情况后企业当期所有者权益的整体变动情况，包括损益（净利润或净亏损）和直接计入所有者权益的利得及损失（其他综合收益）。

需要注意的是，利润表中披露的是"其他综合收益的税后净额"。比如公司购入价值200万元的股票，按照会计相关准则的规定，分类为"其他权益工具投资"，会计期末股票上涨了10%，公允价值为220万元。若此时出售，该笔投资将获取20万元的收益，不考虑其他因素，该收益按照25%的所得税率将缴纳5万元所得税。但如果企业继续持有该笔投资，扣除所得税后的15万元计入"其他综合收益的税后净额"。

其他综合收益在产生的当期不影响利润，只影响所有者权益，但是伴随着企业经营投资活动，其他综合收益将来有可能重分类进损益。

3.5 不打诳语——所得税费用

所得税费用指企业当期在会计上确认的所得税费用。非财务人员对所得税费用存在两个误区：一是企业缴纳的所得税以当期利润总额为基础计算；二是利润表中的所得税费用即当期缴纳的所得税。以上两点都是不正确的。

3.5.1 应纳税所得额与利润总额

众所周知，所得税以企业当期所得为基础进行计算，普通投资者多认为企业当期所得即利润总额，而所得税的计算基础其实是"应纳税所得额"。公式如下：

$$应交所得税 = 应纳税所得额 \times 所得税税率$$

应纳税所得额是按税法规定计算的当期收益，利润总额则是根据会计准则确定的企业当期收益，二者计算口径不一致，一般情况下应纳税所得额在利润总额的基础上调整计算而得。

例如，会计上将所有当期发生的业务招待费和罚款、滞纳金等均计入当期损益，使得当期利润总额减少。但税法中对可以税前列支的业务招待费规定了上限，超过部分不能作为费用在税前扣除，某些罚款也不允许税前扣除。这样应纳税所得额就需要在利润总额的基础上做调整，将不允许扣除的费用加回去，而将免税的收益在利润中减掉。

需要特别指出的是，会计上确认的公允价值变动损益等项目会影响利润总额，根据前文的分析，我们知道公允价值变动损益只是暂时的账面盈亏项目，并非企业真正实现的损益，这种项目税法中不允许税前列支。类似的还有资产减值损失等，这样也可以防止企业利用会计规则人为调减利润从而少交所得税。

3.5.2　当期所得税与递延所得税

利润表中的所得税费用包括当期所得税和递延所得税。公式如下：

$$所得税费用 = 当期所得税 + 递延所得税$$

递延所得税分为递延所得税资产和递延所得税负债，其产生的原因同样是税法与会计准则规定的差异。某些资产或负债的计税基础（税法上认定的价值）与会计上确认的账面价值不一致，这种差异会导致以税法为基础计算的当期及未来期间的应交所得税金额与会计准则确定的金额不一致，但从长远来看，不考虑货币时间价值的话，二者计算出的应交所得税总额是相同的，只不过各期计算的金额不同，所以这种差异一般被称为"暂时性差异"。

比如企业的某台生产设备，会计上按照加速折旧法计提折旧，前期计提的折旧费用较后期大，而假设税法中对该类固定资产只允许使用直线法计提折旧，以该项资产投入使用的首个会计期间为例，因会计上计提的折旧多导致资产的账面价值小于其计税基础，从纳税的角度看，会计当期确认的费用较大，本应产生较小的利润和纳税额，但因税法中认定的费用较小，按照税法的规定当期的应交所得税就较大，但这种差异只是暂时的，同一台设备其计提的折旧总额无论采用什么方法都是相同的，所以这种差异将来会转回。普通投资者想搞清楚具体的计算过程比较困难，因此可以简单地理解为本期公司多缴的所得税类似预缴的税款，将来产生可抵扣差异，形成递延所得税资产。同理，当资产的账面价值大于计税基础时，将产生应纳税差异，形成递延所得税负债。因此，得出递延所得税费用计算公式为：

递延所得税费用＝当期净增加的递延所得税负债－当期净增加的递延所得税资产

3.6 股东最爱——每股收益

每股收益是股东最关心的指标之一,它直观地反映了企业每股股份赚取利润的能力,使不同规模公司之间的盈利能力具有可比性。

每股收益是指发行在外的每股普通股赚取的净利润金额,又分为基本每股收益和稀释每股收益。

1. 基本每股收益

基本每股收益的计算公式如下:

基本每股收益=普通股股东享有的净收益(净利润-优先股股息)÷发行在外的普通股加权平均数

优先股股东优于普通股股东率先获得股利,计算普通股收益时应在净利润中将优先股股息扣除,每股收益越高表明企业盈利能力越强。从股东的角度看,每股收益越高代表股东的投资效益越好,而且它直接影响股东获取股利的水平,只有每股收益足够大且企业有足够的现金时才会给股东分配现金股利。

考虑到计算期内企业发行在外的普通股股数会因为新发股份等原因而发生变化,分母中的发行在外的普通股股数以时间作为权数计算加权平均数。

2. 稀释每股收益

稀释每股收益的计算与基本每股收益相同,只是要考虑目前还不是普通股,但有可能会转换为普通股的潜在股份。比如可转换公司债券,投资者先以债权形式购入,按照事先约定,可以在适当的时机将其转换为股权投资,在投资者未将其转换为股份时,发行公司按照债券形式向投资者支付利息,一旦转换为股份,发行公司将其视为股东的股权投资,在外流通的普通股股份数增加,每股收益得到稀释。类似的情况还有股份期权、认股权证等。

在计算稀释的每股收益时,一方面将稀释性潜在普通股考虑在内,调整增加分母的普通股加权平均数;另一方面要相应调整分子的净利润,这是因为当债券转换为股份时,企业将不必支付债券利息从而使当期净利润增加。

第4章

健康之源——维持企业生命线的现金流量表

现金流量表是以收付实现制为基础编制的，是反映企业一定会计期间内现金及现金等价物流入和流出信息的一张动态报表。现金流量表被称为是维持企业生命线的报表，是因为其直接反映了企业真金白银的收入与支出，而现金是维持企业持续发展的健康之源。第3章详细介绍了企业利润表的构成，以权责发生制为基础产生的利润不等同于现金流，所以即使是利润指标很好的企业，也有可能陷入无钱可用的窘境。结合现金流量表和资产负债表、利润表共同分析，能够更客观地评价企业的偿债能力和盈利能力。

4.1 常见的现金流量表格式

现金流量表中的"现金"包括可以随时用于支付的货币资金以及可迅速转换为已知金额现金且价值变动风险很小的短期投资,如即将到期且易于变现的短期债券投资等。现金流量表将企业产生现金流的活动分为三类:经营活动、投资活动和筹资活动,分别反映每种活动的现金流入和现金流出,如表4-1所示为现金流量表。

表4-1 现金流量表

编制单位: 　　　　　202×年　　　　　单位:元

项目	本期金额	上期金额
一、经营活动产生的现金流量:		
销售商品、提供劳务收到的现金		
收到的税费返还		
收到其他与经营活动有关的现金		
经营活动现金流入小计		

(续表)

项目	本期金额	上期金额
购买商品、接受劳务支付的现金		
支付给职工以及为职工支付的现金		
支付的各项税费		
支付其他与经营活动有关的现金		
经营活动现金流出小计		
经营活动产生的现金流量净额		
二、投资活动产生的现金流量:		
收回投资收到的现金		
取得投资收益收到的现金		
处置固定资产、无形资产和其他长期资产收回的现金净额		
处置子公司及其他营业单位收到的现金净额		
收到其他与投资活动有关的现金		
投资活动现金流入小计		
购建固定资产、无形资产和其他长期资产支付的现金		
投资支付的现金		
取得子公司及其他营业单位支付的现金净额		
支付其他与投资活动有关的现金		
投资活动现金流出小计		
投资活动产生的现金流量净额		
三、筹资活动产生的现金流量:		
吸收投资收到的现金		

（续表）

项目	本期金额	上期金额
取得借款收到的现金		
收到其他与筹资活动有关的现金		
筹资活动现金流入小计		
偿还债务支付的现金		
分配股利、利润或偿付利息支付的现金		
支付其他与筹资活动有关的现金		
筹资活动现金流出小计		
筹资活动产生的现金流量净额		
四、汇率变动对现金及现金等价物的影响		
五、现金及现金等价物净增加额		
加：期初现金及现金等价物余额		
六、期末现金及现金等价物余额		

表4-1中分别按三种活动列示现金流入、现金流出和二者的差额——现金流量净额。若现金净流量为正数，说明现金流入大于现金流出，为负数则相反。

4.2 立身之本——经营活动现金净流量

对于生产经营型企业而言,经营活动多是与生产销售产品有关的活动,如销售商品、购买原材料、支付工资、缴纳税款、广告促销等。经营活动的现金流量是大多数依靠经营活动获利的企业最重要的现金来源,是企业依靠自身经营主观创造现金能力的直接体现,稳定、持续的经营活动现金流入是维持企业日常资金流转和扩大再生产的保障,是企业生命线的健康之源。

4.2.1 经营活动现金净流量的构成

表4-1中的大多数经营活动现金流量项目都不难理解,本节重点解释以下几个项目。

1. 销售商品、提供劳务收到的现金

销售商品、提供劳务收到的现金指企业当期由于销售商品或提供劳务而收到的现金。3.2.1节曾提到分析利润表中收入的质量时需结合资产负债表中的"应收账款"和现金流量表中的"销售商品、提供劳务收到的现金"项目，此处举例说明销售业务如何通过三张报表全面反映其产生的收入和现金流信息。

假设企业当期销售商品确认收入为100万元（符合会计上收入的确认条件），但其中有30万元为赊销，并未收到货款。该笔业务体现在三张报表上的情况如表4-2所示（为了便于理解，先不考虑增值税和其他应收、预收项目）。

表4-2 销售业务信息在三张报表中的披露

报表	项目	金额（万元）
利润表	营业收入	100
资产负债表	应收账款期末余额-期初余额	30
现金流量表	销售商品、提供劳务收到的现金	70

当销售商品收到的现金小于营业收入时，一般说明当期有赊销业务，部分货款尚待回收；反之，当销售商品收到的现金大于营业收入时，说明企业有可能收回了以前的货款，或者预收了将来的货款。在正常的生产经营状态下，如果企业信用政策趋于稳定，销售商品收到的现金与收入应该长期保持基本平衡。如果二者之间出现较大缺口，尤其是较长时期的不平衡，则是提示企业货款回收出现了问题，更有可能是销售造假。

2. 购买商品、接受劳务支付的现金

与销售商品收到的现金类似，分析购买商品、接受劳务支付的

现金时也应考虑三张报表相关项目之间的关联。对于生产经营型企业而言，购买商品支付的现金多为购买存货等货物时支付的现金。企业消耗的存货最终计入营业成本，而购货时也有可能为信用形式，暂未付款。因此该项目可结合利润表中的"营业成本"、资产负债表中的"应付账款"等共同分析。

3. 经营活动产生的现金流量净额

现金流量净额计算公式如下：

$$现金流量净额=现金流入小计-现金流出小计$$

正常生产经营的企业该指标应该是正数，而且金额越大越好，金额越大，说明企业靠自身经营活动产生的现金流入在弥补经营活动必需的支出后还有剩余。企业若想获得可持续发展，不能只满足于现金流入与流出的简单平衡，从长远来看，长期借款利息的偿还、固定资产更新换代所需的资金都需要靠企业经营产生的现金来满足。需要注意的是，某些处于萌芽期的企业，其经营活动产生的现金流量净额为负数也是正常的。试想一个刚刚创业的企业，也许产品销路还没有打开，但前期生产材料的准备、人工成本的支出等均正常发生，现金流出大于现金流入很正常。但如果一家企业经营活动现金净流量长时间持续负数，那么它的经营就非常危险了，投资者必须引起注意。

4.2.2 经营活动现金流量与净利润

上市公司公开披露的年报中,在报表附注中会提供现金流量表的补充资料,其中最重要的信息是将净利润调节为经营活动现金净流量,该信息有助于投资者进一步判断企业净利润的质量,即前文所述的利润的含金量,某些教材中甚至创造了"利润含金量"这个指标,即经营活动现金净流量与净利润的比值。为什么如此重视这两个指标之间的关联呢?因为对于生产经营型企业而言,创造利润的核心业务是其经营业务,但会计上的利润不等同于现金流,因此比较经营活动现金净流量与净利润之间的差额能够较迅速地判断企业核心业务创造现金的能力。将净利润调节为经营活动现金流量如表4-3所示。

表4-3 将净利润调节为经营活动现金流量

项目	本期金额	上期金额
净利润		
加:资产减值准备		
信用损失准备		
固定资产折旧、油气资产折耗、生产性生物资产折旧		
无形资产摊销		
长期待摊费用摊销		

第4章 健康之源——维持企业生命线的现金流量表

（续表）

项目	本期金额	上期金额
处置固定资产、无形资产和其他长期资产的损失（收益以"—"号填列）		
固定资产报废损失（收益以"—"号填列）		
净敞口套期损失（收益以"—"号填列）		
公允价值变动损失（收益以"—"号填列）		
财务费用（收益以"—"号填列）		
投资损失（收益以"—"号填列）		
递延所得税资产减少（增加以"—"号填列）		
递延所得税负债增加（减少以"—"号填列）		
存货的减少（增加以"—"号填列）		
经营性应收项目的减少（增加以"—"号填列）		
经营性应付项目的增加（减少以"—"号填列）		
其他		
经营活动产生的现金流量净额		

普通投资者理解表中的各个项目可能存在困难，下面我们用另一种方式解释经营活动产生的现金流量净额与净利润这两个指标之间的关系。利润是收入与费用的差额，经营活动产生的现金流量净额是经营活动现金流入与现金流出的差额，我们只需要比较利润表

中的"收入"与"经营活动现金流入"的区别,以及利润表中的"费用"与"经营活动现金流出"的区别,即可轻松解读两个指标之间的关系。

按照现金流量表的三种财务活动划分,利润表中广义的收入和费用包括了经营活动、投资活动和筹资活动的当期收入和费用,无论其是否以现金形式实现或支出。表4-4列示了净利润与经营活动现金流量双方在构成上的不同。

表4-4 净利润与经营活动现金流量构成项目的比较

净利润	经营活动现金流量
确认为当期收入却不产生经营活动现金流入的项目: 当期实现的非经营活动收入 未收到现金的营业收入 前期预收款当期实现销售的营业收入	产生经营活动现金流入却不被确认为当期收入的项目: 当期收回现金的前期收入 预收货款
确认为当期费用却不产生经营活动现金流出的项目: 当期发生的非经营活动费用 当期未支付现金的经营活动费用 前期预付款当期发生的费用	产生经营活动现金流出却不被确认为当期费用的项目: 前期确认当期支付的费用 预付费用 当期以现金购入但未计入成本的存货 支付前欠货款

根据表4-4再看表4-3的项目就容易理解了,以净利润为基础计算经营活动现金流量时,只需要将二者之间的差异进行调整即可,比

如"固定资产折旧""无形资产摊销"等项目属于"当期未支付现金的经营活动费用",虽使利润减少,但并未影响现金流,所以在净利润基础上加回以计算经营活动现金流。

4.3 何去何从——投资活动现金净流量

与经营活动产生的现金流量不同，财报使用者很多情况下并不苛求企业投资活动产生的现金流量净额一定为正数。换句话说，投资活动现金流量净额为负数并不意味着企业投资活动的失败，在分析投资活动现金流量时，财报使用者更关注资金的去向，因为投资活动现金流量结构往往能够体现企业的发展战略。

4.3.1 投资活动现金净流量的构成

投资活动可以简单分为两大类：对外和对内。对外投资根据目的不同又可以分为两部分：为实现企业发展战略而进行的对外扩张性质的长期权益性投资和以获取投资收益为主要目的而进行的短期投资。对内投资则指长期经营性资产（固定资产、无形资产等）的购建。相应地，投资活动产生的现金流量也可以从对外和对内两个角度进行分析。以对外短期投资为例：当企业购买股票或债券时，支付的现金计入现金流量表的"投资支付的现金"项目，获取的现金股利或者债券利息计入"取得投资收益收到的现金"项目；当出售股票或者债券到期收回本金时，产生的现金流量计入现金流量表中的"收回投资收到的现金"项目。同理，企业购建固定资产、无形资产等支付的现金以及处置该类长期资产时收回的现金净额分别计入表中相对应的项目。

4.3.2 投资活动现金流出的补偿分析

投资活动现金流出补偿机制与经营活动有很大不同，即使同为投资活动，对外和对内投资活动的现金流出补偿情况也不相同。

（1）对外投资活动的现金流出一般仍依靠投资活动的现金流入来补偿，体现在投资活动产生的现金流入项目中，但不一定是当期补偿。如企业购入的股票或债券可通过当期或以后期间对外出售变现，长期持有的投资可通过投资收益产生的现金流入来补偿。

（2）对内投资形成长期资产的现金流出，则很少能通过处置长期资产产生的现金流入来补偿。固定资产、无形资产等长期经营性资产的持有目的并非估价待售，正常情况下不可能通过短期买卖的差价实现收益，补偿现金支出。在长期资产的使用中，其价值通过固定资产折旧、无形资产摊销等方式分期计入成本费用，通过经营活动产生的现金流入分期补偿。

当企业处于扩张期时，经常扩大生产规模或增加对外投资，这两种行为均会导致产生大量现金流出而很可能不会在短期内得到补偿。因此不能仅凭当期投资活动产生的现金流量净额为正数还是负数来判断其投资活动的有效性，更重要的是判断企业投资活动的现金流量是否与其发展战略相吻合。另外，鉴于对内投资的现金流出需要依靠经营活动现金流入来补偿，所以会计上对经营活动产生的现金流量要求更高。正常企业经营活动现金流入除了能弥补经营活动本身的现金支出外，还应该有足够能补偿长期经营性资产折旧与摊销的金额，这样才能为企业的扩张提供现金流量支持。

4.4 未来可期——筹资活动现金流量

筹资活动现金流量直接体现企业资金的来源，对筹资活动现金流量的分析应结合经营活动和投资活动的现金流量进行，以此判断企业筹资活动的合理性。

按照资金的来源，筹资活动现金流入可以分为两大类：权益性筹资和债务性筹资。前者包括直接吸收股东投资、发行股票等，计入现金流量表的"吸收投资收到的现金"项目；后者包括从银行等金融机构取得的借款、发行债券等，计入现金流量表的"取得借款收到的现金"项目。筹资活动现金流出从现金流量表列出的项目来看也清晰易懂，即计入"偿还债务支付的现金"项目和"分配股利、利润或偿付利息支付的现金"项目等。

对筹资活动现金流量的分析应结合经营活动和投资活动的现金流量情况进行，如企业当期发生大量借款，同时投资活动中"购建固定资产、无形资产和其他长期资产支付的现金"项目金额较大，基本可以断定这笔借款用于购建长期资产的投资需求，那么后续就要结合该投资项目的效益进行深入分析，关注增加的长期资产能否为企业创造利润。企业当期筹资活动产生的现金流量净额为正数时，说明筹资活动的现金流入大于现金流出；负数则相反。大多数现金净流量为负数的期间是企业集中偿还债务的时期。对于财报使用者来说，经营活动产生的现金净流量持续为负数时需要引起警惕，与之相反，筹资活动持续多期为正数时反而需要引起警惕。当同一时段企业的经营活动连续出现负的现金净流量，而筹资活动持续出现正的现金净流量，说明企业经营活动现金流入不足以弥补现金流出，需要借助筹资活动满足日常经营的资金需求。而当投资活动连续多期现金净流量为负数，同时筹资活动现金净流量为正数时，则表明企业有可能在依靠外部资金持续扩张，若资金来源大多是债务，则相当于埋了一颗定时炸弹。历史经验表明，太多企业由于盲目扩张而陷入资不抵债的泥淖。

第 5 章

健康之本——企业家底形成的所有者权益变动表

所有者权益变动表,是反映一定会计期间内企业所有者权益变动情况的报表,它可以看成是对资产负债表中"所有者权益"项目的扩充说明。资产负债表提供了所有者权益各项目的期初期末余额,所有者权益变动表则解释了这些项目的变动原因。投资者可以根据该表提供的信息了解企业资本保值增值情况以及与投资者自身利益直接相关的利润分配情况。

5.1 所有者权益变动表的基本结构

所有者权益变动表的基本结构如表5-1所示。所有者权益变动表的格式与其他报表均不同，它以矩阵式展示所有者权益各项目当年的期初余额、本年变动额以及期末余额，其基本数量关系如下：

本年年末余额=本年年初余额±本年增减变动金额

通过表5-1可知，企业当期实现的综合收益总额、所有者投入与减少资本、利润分配以及所有者权益内部结转（只改变所有者权益结构，不改变总额）等都会导致所有者权益发生变动。其中，"综合收益总额"科目与利润表中的该科目相对应，其又包括净利润和其他综合收益两部分，来源于企业当期实现的损益和直接计入所有者权益的利得及损失，其内容在第3章有详细介绍，这里不再赘述。

第5章 健康之本——企业家底形成的所有者权益变动表

表5-1 所有者权益变动表

202×年

编制单位： 单位：元

项目	本年金额											上年金额										
	实收资本（或股本）	其他权益工具			资本公积	减：库存股	其他综合收益	专项储备	盈余公积	未分配利润	合计	实收资本（或股本）	其他权益工具			资本公积	减：库存股	其他综合收益	专项储备	盈余公积	未分配利润	合计
		优先股	永续债	其他									优先股	永续债	其他							
一、上年末余额																						
加：会计政策变更																						
前期差错更正																						
其他																						
二、本年年初余额																						
三、本年增加金额（减少以"-"号填列）																						

(续表)

项目	本年金额										上年金额									
	实收资本（或股本）	其他权益工具		其他	资本公积	减：库存股	其他综合收益	专项储备	盈余公积	未分配利润	合计	实收资本（或股本）	其他权益工具		其他	资本公积	减：库存股	其他综合收益	专项储备	盈余公积	未分配利润	合计
		优先股	永续债										优先股	永续债								
（一）综合收益总额																						
（二）所有者减少资本																						
1.所有者投入的普通股																						
2.其他权益工具持有者投入资本																						

第5章 健康之本——企业家底形成的所有者权益变动表

(续表)

项目	本年金额											上年金额										
	实收资本（或股本）	其他权益工具			资本公积	减:库存股	其他综合收益	专项储备	盈余公积	未分配利润	合计	实收资本（或股本）	其他权益工具			资本公积	减:库存股	其他综合收益	专项储备	盈余公积	未分配利润	合计
		优先股	永续债	其他									优先股	永续债	其他							
3.股份支付计入所有者权益的金额																						
4.其他																						
(三)利润分配																						
1.提取盈余公积																						
2.对所有者（或股东）的分配																						

（续表）

项目	本年金额										上年金额									
	实收资本（或股本）	其他权益工具			资本公积	减:库存股	其他综合收益	专项储备	盈余公积	未分配利润	合计	实收资本（或股本）	其他权益工具			资本公积	减:库存股	其他综合收益	专项储备	盈余公积	未分配利润	合计
		优先股	永续债	其他									优先股	永续债	其他							
3.其他																						
（四）所有者权益内部结转																						
1.资本公积转增资本（或股本）																						
2.盈余公积转增资本（或股本）																						
3.盈余公积弥补亏损																						

（续表）

项目	本年金额										上年金额									
	实收资本（或股本）	其他权益工具			资本公积	减:库存股	其他综合收益	专项储备	盈余公积	未分配利润	合计	实收资本（或股本）	其他权益工具			资本公积	减:库存股	其他综合收益	专项储备	盈余公积	未分配利润	合计
		优先股	永续债	其他									优先股	永续债	其他							
4.设定受益计划变动额结转留存收益																						
5.其他综合收益结转留存收益																						
6.其他																						
四、本年年末余额																						

5.2 主动/被动——会计政策变更与前期差错更正

"会计政策变更"与"前期差错更正"这两个科目非常容易被忽略,因为在大多数企业的所有者权益变动表中这两个科目都是空项。但是在会计的四张主要的财务报表中,所有者权益变动表是唯一直接披露会计政策变更和前期差错更正信息的报表。

5.2.1 会计政策变更

会计政策指企业在确认、计量和报告中采用的原则、基础和会计处理方法,如存货的计价方法等。一般情况下,企业前后各期采用的会计政策应具有一致性,不得随意变更,这样才能保证会计信息的可比性。但是当出现下列情况之一时,企业可变更会计政策。

(1)法律、行政法规或者国家统一的会计制度等要求变更。

(2)会计政策变更能够提供更可靠、更相关的会计信息。

前者属于被动变更,企业没有选择,只能执行国家规定;后者属于主动变更,变更后是否能够提供更可靠、更相关的信息建立在企业主观判断的基础上,因此不排除企业利用政策变更达到其固有目的的可能(如展示更好的业绩或更有利于高层管理人员利益分配等),这需要引起财报使用者的注意。无论是主动还是被动变更会计政策,均会导致企业在不同会计期间的财务信息出现不可比性,在分析时应予以关注。

5.2.2 前期差错更正

前期差错指前期财务报表的遗漏或错报,包括应用会计政策错误、计算错误等。前期差错更正,指企业发现差错后,在财务报表中调整前期相关数据。财务报表发生前期差错的原因有很多,比如漏记某项交易,采用了错误的会计政策,甚至是简单的计算错误等。但无论是何种原因造成的差错均会导致信息失真,如果该差错影响损益,应按其影响程度调整财务报表中发现差错的当期期初留存收益和财务报表中其他相关科目的期初数;如不影响损益,则只需调整财务报表中相关科目的期初数即可。

5.3 放眼未来——投入资本和减少资本

投入资本和减少资本是引起企业所有者权益当期增减变动的重要因素。

5.3.1 投入资本

投入资本是企业筹资的主要方式之一,指所有者对企业的权益性资金投入,股份公司通常通过发行股票的形式获取股东投资。企业发行的股票,按股东享有的权利不同可分为普通股和优先股。

1. 普通股

普通股是股份公司最基本的股票。如果公司只发行一种股票,那么只能是普通股。股份公司的重大事项需由股东大会投票表决决定,普通股股东享有投票表决权,每股股份代表着平等的权利和义务。普通股股东还享有优先认股权、收益分配权和剩余财产分配权。优先认股权指为了保持老股东的持股比例,在发行新股时普通股股东享有按其原持股比例优先认购的权利;收益分配权指股东可根据持股比例获取公司利润分配（股利）的权利；剩余财产分配权指当股份公司清算时，企业在变卖全部资产后首先偿还债务和优先股股东投资，若还有剩余，则普通股股东按持股比例分配。

2. 优先股

优先股是区别于普通股的另一种股票，从股东角度讲，优先权体现在优先于普通股股东获取股利和优先分配企业剩余财产上。但优先股股东一般不享有投票表决权，在利润分配上获取的也是固定股利，因此优先股筹资兼具股权筹资和债权筹资的特点，通常被认定为混合筹资。

5.3.2 减少资本

企业减资在法律上是受到严格控制的。资本不允许被随意减少，如果确实因为企业资本过剩或者发生严重亏损而需要减资，那么必须经过股东大会决议，并按照法律规定的流程来完成。股份有限公司可以通过回购股份形成库存股，然后再注销的形式来减少注册资本。

5.4 量力而行——利润分配

企业实现净利润后,按照规定应首先提取盈余公积,然后再向投资者分配利润,利润分配的过程均体现在所有者权益变动表的"利润分配"行的对应项目下。提取盈余公积时,所有者权益变动表中"未分配利润"项减少,"盈余公积"项增加。盈余公积又分为法定盈余公积和任意盈余公积,前者根据企业当年净利润和法定比例计提,后者根据企业需要自行确定。其实从所有者权益总额的角度来看,提取盈余公积并没有使其发生变化,这本质上也是所有者权益的内部结转,但提取盈余公积是法律规定的企业净利润的分配项,而且任意盈余公积的提取比例会直接影响下一个利润分配项目——向投资者分配利润。盈余公积可以用于弥补企业亏损或者转增资本。如果企业考虑未来发展需要更多自有资金的积累,就有可能提取较多的任意盈余公积,缩减向投资者分配利润的金额。

企业在提取盈余公积后,将所剩利润分配给股东。根据发行的股份不同,企业向股东分配的股利分为优先股股利和普通股股利。优先

第 5 章 健康之本——企业家底形成的所有者权益变动表

股股利优于普通股股利发放，一般是固定股利；普通股股利不固定，根据企业经营业绩确定。股利的两种常见形式是现金股利和股票股利。分派现金股利对企业有较高的要求，首先要有足够可供分配的净利润，其次要有足够的现金，此外还需考虑企业将来经营和投资的资金需求以及股东意愿。因此能够分派现金股利的企业其业绩一般都经得起推敲。分派股票股利即向股东送股，企业无须支付现金，资金的压力比分派现金股利小得多，而且有时伴随着低价配股，相当于企业还会实现筹资活动的现金流入，但是送股后会稀释每股收益，这也意味着企业将来或许需要支付更多的现金股利。因此，如果企业对将来的盈利没有十足的信心，那么就不要轻易做出低价配股的决定，应量力而行。

5.5 深思熟虑——所有者权益内部结转

所有者权益内部结转包括盈余公积转增资本、资本公积转增资本和盈余公积弥补亏损等内容。企业按照法律规定在实现净利润后提取盈余公积，当法定盈余公积超过注册资本的50%时可不再提取，较多的盈余公积可以用来转增资本，但要注意，转增资本后剩余的盈余公积不得少于注册资本的25%。无论是盈余公积转增资本还是资本公积转增资本，都需要经过股东大会表决并形成股东决议。如果企业盈利但仍不能将亏损弥补完，那么可以考虑使用盈余公积进行补亏。当用盈余公积弥补亏损时，企业盈余公积减少，未弥补的亏损减少。需要明确的是，所有者权益内部结转不影响所有者权益的总额，但是会改变所有者权益的结构。

第 6 章

举足轻重——不得不说的财务报表附注

- 财务报表附注是构成财务报表的一个非常重要的组成部分，与财务报表具有同等的重要性，其可以分为资产负债表附注、利润表附注（附表）和现金流量表附注等。财务报表附注提供会计报表信息生成的依据，提供无法在报表上列示的定性和定量信息，使财报的信息更加完整。
- 财报使用者可以通过财务报表附注获取到企业的大量信息，企业会计准则也要求企业要在财务报表附注中披露一些具有影响力的重大交易或事项，让财报使用者可以很容易地从财务报表附注中获取自己需要的信息。财报使用者通过阅读财务报表附注能够了解自己关心的业务是怎么来的，这就要求财务报表附注要真实客观、简单明了，对一些重大事项要如实反映。

6.1 企业的态度——财务报表附注声明

按照企业会计准则的要求，财务报表附注中，企业应当声明编制的财务报表符合企业会计准则的要求，真实、完整地反映了企业的财务状况、经营成果和现金流量等有关信息，以此明确企业编制财务报表所依据的制度基础。如果企业编制的财务报表只是部分地遵循了企业会计准则，则附注中不得做出这种表述。

具体来说，财务报表附注至少包括以下内容：①企业的基本情况；②财务报表的编制基础；③遵循企业会计准则的声明；④重要会计政策和会计估计；⑤会计政策和会计估计变更以及差错更正的说明；⑥报表重要项目的说明；⑦或有和承诺事项、资产负债表日后非调整事项、关联方关系及其交易等需要说明的事项；⑧有助于财报使用者评价企业管理资本的目标、政策及程序的信息；⑨其他综合收益各项目的信息；⑩终止经营的披露；⑪资产负债表日后宣布发放的股利的披露；等等。

6.2　企业的选择——会计政策与会计估计

会计政策，是指企业在会计确认、计量与报告中所采用的原则、基础和会计处理方法。企业采用的会计计量基础也属于会计政策。会计估计，是指企业对其结果不确定的交易或事项以最近可利用的信息为基础所做的判断。根据财务报表列报准则的规定，企业应当披露采用的重要会计政策和会计估计，不重要的会计政策和会计估计可以不披露。同时，企业出现会计政策和会计估计变更以及差错更正情形时，也会在会计报表附注中披露变更及更正的有关情况。

1. 重要会计政策的说明

由于企业经济业务的复杂性和多样化，某些经济业务可以有多种会计处理方法，也存在不止一种可供选择的会计政策。例如，存货的计价可以采用先进先出法、加权平均法、个别计价法等；固定资产的折旧，可以采用平均年限法、工作量法、双倍余额递减法、年数总额法等。企业在发生某项经济业务时，必须从允许的会计处理方法中选择适合本企业特点的会计政策，选择不同的会计处理方法，可能极大地影响企业的财务状况和经营成果，进而编制出不同的财务报表。为了有助于财报使用者理解企业选择和运用会计政策的背景，增加财务报表的可理解性，财务报表附注中应披露企业选择的会计政策并说明会计政策确定的依据。

2. 重要会计估计的说明

只有对不确定的事物才能估计。为提高财务报表的可理解性，企业应在财务报表附注中披露会计估计中所采用的关键假设和不确定因素的确定依据及影响，以及这些关键假设和不确定因素是否在下一会计期间内可能导致对资产、负债账面价值的重大调整。例如，金融资产、权益工具等公允价值的确定，存货可变现价值中的售价、销售费用、税费的估计，无形资产的寿命，等等。

第6章 举足轻重——不得不说的财务报表附注

6.3 企业的操作——重要项目的说明和其他重要事项

6.3.1 重要项目的说明

企业应当以文字和数字描述相结合，尽可能以列表形式披露财务报表重要项目的构成或当期增减变动情况，并且财务报表重要项目的明细金额合计，应当与财务报表项目金额相衔接。

财务报表附注通常披露以下3种情况：①表内有关项目，例如各项资产的公允价值；②表外有关项目，例如抵押、担保资产的说明；③有关会计政策的变化。需披露的具体的会计政策信息包括：应收款项、存货、长期股权投资、投资性房地产、固定资产、无形资产、非货币性资产交换、资产减值、职工薪酬、股份支付、债务重组、收入、政府补助、借款费用、所得税、外币折算、企业合并、租赁、金融资产确认与计量、金融资产转移、合并财务报表、每股收益、分部报告、关联交易等。在披露顺序上，一般应当按照资产负债表、利润表、现金流量表、所有者权益变动表及其项目列示的顺序进行。资产负债表附表主要有资产减值准备明细表、应付职工薪酬明细表、应交税费明细表；利润表附表主要有分部报告、主营业务收入明细表、管理费用明细表、销售费用明细表、财务费用明细表、公允价值变动收益明细表、投资收益明细表等。

1. 应收款项

除分别按账龄、客户类别披露应收账款、预付账款、其他应收款外，企业需要说明坏账的确认标准，以及坏账准备的计提方法和计提比例，并说明：以前年度已全额或比例较大地计提坏账准备却在本年度又全额或部分收回的原因，原估计计提比例的理由与合理性；本年度实际冲销的应收款项及其理由。此部分重点关注坏账计提的解释，是否有会计估计的变化，是否有通过坏账的计提与转回来调节利润。

2. 存货

企业需要按存货种类分别列示年初账面余额、本期增加额、本期减少额、期末账面余额；涉及存货跌价准备的，按存货种类分别列示年初账面余额、本期计提额、本期减少额和期末余额。同时说明：本期存货跌价准备计提和转回的原因，用于担保的存货的账面价值，存货的具体构成，消耗性生物资产的类别、实物数量和账面价值以及消耗性生物资产跌价准备的计提情况，当期预计损失的原因和金额等。通过存货的分类，可以看出存货的构成与分布情况，并通过考核其周转情况尽量减少资金的占用和损失。而通过存货跌价准备的计提与转回说明，可以判断存货合理性及考察存货的质量。

3. 长期股权投资

由于长期股权投资的复杂性，在财务报表上只用一个数字很难揭示其来龙去脉，因此，财务报表附注中对长期股权投资的披露要求也较多、较详细，包括：投资企业对被投资企业具有重大影响以上的，应披露被投资企业清单及其主要财务信息；而对于向投资企业转移资金的能力受到限制、按照权益法核算的长期股权投资账外备查登记的额外损失，以及投资合同或协议中约定的应承担其他弥补义务的等特殊情况也要予以说明。

4. 投资性房地产

投资性房地产在披露与说明其计量模式及其变动之外，还要重点披露房地产转换的理由，以及因房地产转换而计入当期损益或所有者权益的金额。关注房地产转换的理由是否合理，是否与企业的经营发展相吻合；关注房地产转换对企业的影响，是否有通过房地产的转换调整利润的可能。

5. 固定资产

通过披露固定资产的分类、使用寿命、预计净残值和折旧率，财报使用者可以了解企业固定资产的分布、利用情况、新旧程度、会计估计等。通过披露的各类固定资产的期初和期末原值、累计折旧额及固定资产减值准备累计金额和准备处置的固定资产情况，财报使用者可以了解企业本期新投入或减少的固定资产与企业的战略是否协调、目前固定资产的质量。需要特别注意的是，租赁的固定资产和用于担保的固定资产，这两者均存在风险。

6. 无形资产

无形资产需要在财务报表附注中说明：每一类无形资产的名称（如商标权、专利权、土地使用权等）及取得方式（外购或内部开发），每一类无形资产的使用寿命情况。对于使用寿命有限的无形资产，其使用寿命或构成使用寿命的产量等类似计量单位数量；对于使用寿命不确定的无形资产，无法预见其为企业带来经济利益期限的原因；对于使用寿命有限的无形资产，其为企业带来经济利益的方式及在此基础上确定的摊销方法；用于担保的无形资产情况等，列表说明无形资产初始入账成本、当期摊销额、当期计提减值、累计摊销额、累计减值准备、期末账面价值。通过所披露的无形资产附注，财报使用者可以更为详细地了解企业无形资产账面价值与实际价值的差异、无形资产的风险、相关会计估计。

7. 金融工具

金融工具披露，需要详细说明金融资产的分类，具体包括以摊余成本计量的金融资产、金融负债，以公允价值计量且其变动计入其他综合收益的金融资产，以公允价值计量且其变动计入当期损益的金融资产、金融负债等。同时要披露金融工具的风险信息（包括信用风险、流动性风险、市场风险等），以便财报使用者评估金融工具产生风险的性质和程度，全面评价企业所面临的风险敞口。此外还要披露公允价值相关的信息，以便财报使用者了解企业所采用的会计政策和确定公允价值的依据等，全面评价企业金融资产的价值。

8. 职工薪酬

财务报表附注中除了披露应付职工薪酬明细表外，还要披露企业本期为职工提供的非货币性福利形式、各项非货币性福利金额及其计算依据，以及解除劳动关系的补偿情况等，以便财报使用者从中了解企业职工薪酬的水平与用途、企业对员工的态度和责任履行情况等。

9. 政府补助

政府补助是指企业从政府无偿取得货币性资产或非货币性资产，主要包括政府对企业的无偿拨款、税收返还、财政贴息，以及无偿给予的非货币性资产。政府补助分为与资产有关的政府补助和与收益相关的政府补助。与资产有关的政府补助是指企业取得的、用于购建或以其他方式形成长期资产的政府补助。与收益相关的政府补助主要用于补偿企业已经发生和即将发生的费用或损失。企业应披露政府补助的种类、金额和列报项目，计入当期损益的政府补助金额，本期返还的政府补助金额及原因。报表使用者通过这些信息，了解政府补助对企业的资产、利润的影响，评价利润的持续性。

10. 非货币性资产交换

非货币性资产交换是指企业主要以固定资产、无形资产、投资性房地产和长期股权投资等非货币性资产进行的交换。非货币性资产交换一般不涉及或只涉及少量的货币性资产（如现金、银行存款、应收账款、应收票据等）。相对于货币性资产而言，非货币性资产在未来为企业带来的经济利益（货币金额）是不固定的或是不可确定的。所以，在非货币性资产的交换中，更应关注换入资产、换出资产的类别、有关资产的账面价值和公允价值。

11. 股份支付

股份支付是指企业为获取职工和其他方提供的服务而授予的权益工具或者承担以权益工具为基础确定的负债的交易，例如股票期权，现金结算的股份支付。股份支付应说明当期授予、行权和失效的各项权益工具总额，期末发行在外的股份期权行权价格的范围和合同剩余期限、当期行权的股份期权的加权平均价格，权益工具公允价值的确定方法，股份支付交易对当期财务状况和经营成果的影响。股份支付实质上是企业的一项激励政策，对稳定核心技术、销售、管理等方面的人才具有重要意义。

12. 债务重组

债务重组是指在不改变交易对手方的情况下，经债权人与债务人协定或法院裁定，就清偿时间、金额或方式等重新达成协议的交易。企业作为债务人应当说明与债务重组有关的下列信息：债务重组方式，分组披露债权账面价值和债务重组相关损益；债务重组导致的股本等所有者权益的增加额。企业作为债权人应当说明与债务重组有关的下列信息：债务重组方式，分组披露债权账面价值和债务重组相关损益；债务重组导致的对联营企业或合营企业的权益性投资增加额，以及该投资占联营企业或合营企业股份总额的比例。财报使用者可以从中了解债务重组中双方是否具有关联方关系、公允价值的确定，以及是否存在或有事项等。

13. 企业合并

企业合并是指两个或者两个以上单独的企业（主体）合并成一个报告主体的交易或事项。企业合并分为同一控制下的企业合并和非同一控制下的企业合并。不同的企业合并方式采用不同的会计政策进行处理，其对财报影响也不同。因此企业合并需要说明解释的内容应尽可能详细，总体包括被合并企业的基本情况和企业合并所采用的会计政策、依据及影响。财报使用者通过财务报表附注信息，可以进一步了解长期股权投资的内涵，判断企业合并对企业的长远影响。

6.3.2 其他重要事项

1. 或有事项和承诺事项

或有事项是指对企业经济决策有影响的一些事项，但因为暂时没有明确的结果，只能通过财务报表附注予以披露和说明。企业应当披露预计负债的种类、形成原因以及经济利益流出不确定性的说明；与预计负债有关的预期补偿金额和本期已确认的预期补偿金额；或有负债的种类、形成原因及经济利益流出不确定性的说明；或有负债预计产生的财务影响，以及获得补偿的可能性，无法预计的，应当说明原因；或有资产很可能会给企业带来经济利益的，其形成的原因、预计产生的财务影响等；在涉及未决诉讼、未决仲裁的情况下，披露全部或部分信息预期对企业造成重大不利影响的，该未决诉讼、未决仲裁的性质以及没有披露这些信息的事实和原因。

承诺事项是指承诺必须要执行并且完成的事项。承诺事项通常披露企业及较大的投资者对外的合同承诺，包括还没有开始执行和正在执行的。

2. 资产负债表日后事项的说明

资产负债表日后事项，一是指事项在资产负债表日之前就已经发生，但当时企业并不知晓，或不知道其风险，在资产负债表批准发布日前企业才得知情况或获得证据；二是指资产负债表日至资产负债表批准发布日之间发生的事项，不影响报表的数据，但要履行告知义务。对资产负债表日后事项，主要说明每项重要的资产负债表日后非调整事项的性质、内容，及其对财务状况和经营成果的影响。无法做出估计的，应当说明原因。

3. 关联方关系及交易的说明

按照会计信息披露的有关要求，企业无论是否发生关联方交易，均应当在财务报表附注中披露与母公司和子公司有关的信息。企业与关联方发生关联方交易的，应当在财务报表附注中披露该关联方关系的性质、交易类型及交易要素。交易要素至少应当包括：交易的金额；未结算项目的金额、条款和条件，以及有关提供或取得担保的信息；未结算应收项目的坏账准备金额。所有这些都是为了规范关联方交易，避免通过关联方交易进行利润的调节。因此，在关注关联方关系及交易时，应警惕其中是否存在有失公平的异常交易，这些交易是否伴随着大额的应收款项或预付款项，是否有关联担保，等等。

第 7 章

刨根问底——财报综合阅读与分析

> 企业通过运用所掌控的全部经济资源，使其产生经济效益，并在这个过程中不断总结经验、发现问题，进而不断调整和规范企业的运作方式。例如，企业要扩大再生产，体现为固定资产等核心资产的规模加大；企业若进行商业模式的转型，体现为从重资产向轻资产的转变或相反。进一步讲，企业的商业模式反映在其财务报表上，即企业以现金为起点，不断地投入资本、技术、人力和物力，将所有的投入转化成财务报表上的各个项目或科目，又将这些科目或项目重新转变为现金，实现资金的周转循环，并不断地进行投资、融资与扩大再生产。不同的企业有着不同的商业模式，不同的商业模式也体现出不同的财务特征。

7.1 企业的那些事——业务循环与财报

财报综合反映了企业某一特定日期的财务状况和某一会计期间的经营成果、现金流量等会计信息。财报是借用会计语言对经济业务进行描述。企业的业务以销售、采购、生产、费用、投融资五条线为主，每一条线都是一个独立的业务循环，而五大循环之间也相互产生作用，由此构建出整个企业的业务框架和经营逻辑。五大循环的作用主要体现在相互之间的逻辑关系上，一个业务循环必定影响另一个业务循环，这正体现了财务记账方法的价值。通过财务报表的相关数据，可以了解企业的业务脉络、逻辑关系，挖掘出企业的经营特点、商业模式，发现其中不合理的地方，并做进一步的分析与辨别。

7.1.1 采购循环

采购循环是从采购需求开始，经过招标或选择后与供应商签订采购合同，收到货物办理入库手续，同时确认应付账款，最终向供应商支付货款。采购循环主要通过资产负债表中的"存货""应付账款及应付票据""预付款项""应交税费"等项目，利润表中的"营业成本"以及现金流量表中的"购买商品、接受劳务支付的现金"等项目来反映。

任何一个财务报表的项目都不是孤立存在的，同样，任何一个业务循环也不能孤立运行。因此在阅读和分析财务报表时，需要将相关联的几个循环贯穿起来，才能充分了解企业的业务特点与商业模式。通常情况下，采购需求与市场需求紧密相连。采购循环通过市场需求与采购需求的同步连接，并通过营业收入与营业成本的配比表现出来。当市场销量扩大，采购量随之增加，需要支付给供应商的货款也会增加。如果企业的财务报表中销售收入增加，而采购循环中各个项目均未发现增加的痕迹，那么这种销售增加很可能只是偶发性的，不具有持续性；或者是产品销售数量未发生变化，产品的销售价格突然上涨。如果这些情形都被排除，那么就要考虑企业是否存在业绩粉饰的问题。

阅读与分析财务报表时，可以结合业务循环来发现财务报表粉饰的蛛丝马迹。例如，企业为了虚增销售收入，就会同时虚增应收账款。由于有收入与成本相配比的原则，企业不得不同时虚增销售成本。增加了销售成本就必须要相应地增加存货和应付账款。如果只是增加了应收账款和应付账款，而没有销售商品、提供劳务收到的现金的增加和购买商品、接受劳务支付的现金的增加，也就是该业务循环只涉及权责发生制为编制基础的财务报表，未与收付实现制为编制基础的财务报表相印证，那么就很容易引起财报使用者对财务报表真实性的怀疑。所以，从业务循环的角度去追踪财务报表的来龙去脉，自然就能发现可能存在的问题。

企业在生产经营中面临着激烈的市场竞争。当企业营业收入并没有明显增加，而采购循环中财务报表项目各环节呈现增加迹象，此时很可能是企业需要储备力量，扩大规模；也可能是尽管销量增加，但销售价格却大幅下降；还有可能是客户强势要求供应商大量备货。无论是哪种可能，对企业的经营都会产生相当大的压力，特别是资金方面的压力更加突出。

7.1.2 生产循环

生产循环是衔接采购循环与销售循环的一个企业内部循环，是指根据市场需求或生产计划，投入原材料、人力、物力生产产品，直到产成品入库等待销售。从财务报表中很难看到生产全貌，因为企业从材料采购开始，无论是生产过程中的哪个环节，领用材料、增加人工成本、折旧成本、能源水电成本等，在财务报表中均体现在资产负债表的"存货"项目中。

虽然从实物角度看，生产循环是对原材料进行加工，然后历经在产品、自制半成品直至产成品，实物形态发生较大变化，但整个生产过程只通过资产负债表的"存货"这一个项目集中反映，因此只从财务报表的角度很难将整个生产过程展示出来，因此通常还会从存货管理的角度探寻其一些不同之处。一些企业通过采取增加或减少存货来人为调节利润，例如有的企业将采购部门划分为管理类部门，这样采购部门的费用（包括工人工资、设备、厂房折旧、能源水电等）就计入管理费用，减少当期利润；有的企业将采购部门划分为生产类部门，这样采购部门的费用就计入存货成本，随着存货的销售，才能通过销售成本减少当期利润。由于企业当期生产的产品与销售不一致，即产销不平衡，这就会导致两种不同渠道减少当期利润的数额不一致。当生产量大于销售量时，第一种方式计算的利润明显小于第二种方式计算的利润。

两种不同的划分方法，就有了两种不同的费用核算渠道。将采购部门划分为管理类部门则部门员工工资计入管理费用，利润减少，所得税自然就会少一些；而将采购部门划分为生产类部门，则部门员工工资计入存货成本，在存货没有销售出去之前不能减少利润，即便存货销售出去也是跟随增加的销售收入配比成本，还是不能明显减少利润。除了工人工资外，设备、厂房折旧、能源水电等，都可能存在相同的处理方法。

因此在阅读和分析财务报表时，财报使用者需要关注财务报表附注是否对各项费用进行了描述，将企业内部的所有数字建立起逻辑关联，进而做出及时的判断。

7.1.3 销售循环

销售循环是指企业从市场需求中寻求商机，经过投标或谈判后与客户签订销货合同，按期为客户提供产品或劳务，收到客户的货款。销售循环主要通过资产负债表中的"应收账款"及"应收票据""预收账款""应交税费"等，利润表中的"营业收入""营业成本""税金及附加""销售费用""资产减值损失"等，现金流量表中的"销售商品、提供劳务收到的现金"等项目来反映。

销售循环与采购循环几乎有完全对应的流程。通常在采用赊销方式的情况下，当企业产生了销售收入，对应的销售成本增加，这就是收入与成本相配比的原则。销售收入增加的同时，应收账款会增加，应收账款减少是由于货款收回，或是货款无法收回，企业将其作为坏账进行了核销。由于企业事先对应收账款计提了信用减值损失，发生坏账时，在会计上一方面表现为应收账款减少（核销），另一方面坏账准备金减少，最终会在期末计提信用减值损失中体现出来，减少企业利润。如果销售增加而应收账款没有增加，排除坏账因素以外，通常说明当期收回了现金。现金回收会导致现金流量表中销售商品、提供劳务收到的现金增加，印证了销售收入增加会带来现金的增加这一规律；如果收入没有增加而应收账款增加了，或是收入的增幅不及应收账款的增幅，说明企业销售收入中存在大量未收回的现金。销售成本的增加是存货成本结转而来的，体现为存货的减少。整个销售行为一定会伴随销售费用的产生，如广告费、差旅费、招待费等。通常情况下，销售收入越大，销售费用就越高。虽然每个行业销售费用占销售收入的比重都不同，但通过分析销售费用占销售收入比重的多少，基本可以判断出企业是否依赖销售能力扩大市场。要明白的是，销售循环里面任何一个环节都有相互印证的逻辑存在。

7.1.4 费用循环

一个企业的费用管理是其日常经营中的主要工作，也是发生频率最高的收支业务。从业务的角度讲，费用有人工费、折旧费、办公费、差旅费等。费用循环主要通过资产负债表的"应付款项"，利润表中的"管理费用""销售费用""财务费用""研发费用"等，现金流量表中的"支付给职工以及为职工支付的现金""支付的各项税费""支付其他与经营活动有关的现金""分配股利、利润或偿付利息支付的现金"等项目来反映。

企业发生费用，主要在利润表上列支，直接抵减当期收入，减少利润。因此通过利润表与现金流量表之间的相应项目的关系，可以验证费用的支付情况是本期支付、预付还是延期支付。但应注意的是，费用也往往是企业进行利润调整的重灾区。一是企业将应计入当期利润表的费用计入资产负债表的资产项目。例如其他应收款、在建工程、存货、研发支出等，人为推迟费用计入利润表的时间，调整各期的利润水平。二是在各个费用项目之间进行调整。例如应计入管理费用的，计入销售费用等；应计入研发费用的，计入研发支出；等等。

尽管这样处理并不影响当期的利润，但费用水平可以反映一家企业的经营模式与管理效率。如果不加以区分，就很难客观了解企业的真实状况。如果企业重视管理，在管理上做了很多投入和储备，那么势必管理费用较高；如果企业重视销售，加大市场开拓力度，那么销售费用势必会增加。

7.1.5 投融资循环

1. 投资循环

当企业有战略需要或有闲置资金时，就会考虑进行投资。投资的方式有很多种，战略投资指投资于上下游企业、并购竞争对手，或是开拓新的领域；闲置资金投资更多是在金融市场上购买理财产品或股票、基金、债券等。投资循环通常经历选择评价可投资企业、投资、取得利息股利、出售投资回收现金等环节。投资循环主要通过资产负债表中的"交易性金融资产""衍生金融资产""债权投资""其他债权投资""长期股权投资""其他权益工具投资""投资性房地产"以及"其他综合收益"等，利润表中的"投资收益""公允价值变动损益"，现金流量表中第二大部分"投资活动产生的现金流量"等项目来反映。

企业进行投资的目的是赚钱。当然，在实际操作中，有的投资是为了赚取买卖差价；有的是为了赚取股利、利息；也有的是为了控制和影响对方企业，进而为企业谋取短期和长期的利益。利润表中看到的投资收益（或损失）、公允价值变动损益，是按权责发生制原则确定的，与是否实际收到现金无关。而现金流量表中体现的就只是关于现金收付的投资行为。当企业对被投资企业具有控制权时，或企业的投资对被投资企业是重大影响以下时，投资收益才与其现金收回有一定的关系。此时的投资收益是宣告发放的股利，而不是实际收到的股利。若企业对以前的投资进行处置，此时的投资收益才伴随着真金白银的流入。所以关注投资循环的重点是分析资产负债表，同时将利润表和现金流量表作为辅助内容来进行综合分析。

另外，企业购买固定资产也是一种投资行为，只是购买固定资产不是为了分红或出售，而是为了让固定资产持续为企业生产产品或创造长期价值，其本质逻辑与购买股票获得利益并没有太大区别。

2. 融资循环

一家企业对另外一家企业投资，投资方是投资行为，被投资方是融资行为，即获取了股权融资。其实投资和融资是同一个事物的两面，只是针对不同的主体分为不同的循环。企业的融资行为大体上可以分为债务性融资和权益性融资。

债务性融资指企业向银行贷款、发行债券等，本质就是借钱、支付利息、偿还本金。通过金融机构取得的债务性融资通常是先向金融机构提出借款申请，金融机构调查审核后签订合同并发放贷款，企业按合同规定的用途使用借款并按期归还利息，到期归还借款本金。这个循环主要通过资产负债表的"短期借款""交易性金融负债""衍生金融负债""长期借款"等，利润表的"财务费用"，或是因利息费用资本化而计入资产负债表中的"在建工程""存货""研发支出"等，现金流量表的"取得借款收到的现金""偿还债务支付的现金""分配股利、利润或偿付利息支付的现金"等项目来反映。若企业对外发行债券，即通常所说的企业（公司）债券，那么需要符合相关条件，按规定的程序和要求发行、使用及偿还。

权益性融资就是企业吸引投资者的资金，既不需要支付利息，也不需要归还融资本金，只是企业在未来赚钱以后需要向投资者分配利润，而投资者也可以将权益转售给第三方获得差价。权益性融资通常是企业先签订投资协议或公开发行股份，投资者投入资金，企业再向投资者分配利润。权益性融资循环主要通过资产负债表的"实收资本"或"股本、资本公积"，现金流量表的"吸收投资收到的现金""收到其他与筹资活动有关的现金""分配股利、利润或偿付利息支付的现金"及"支付其他与筹资活动有关的现金"等项目来反映。

资金是企业生存与发展的血液。权益性融资是企业资金的主要来源与基础，若没有一定的权益性融资作为资金保障，那么企业将时刻面临筹资与偿债的风险。债务性融资是企业资金的必要补充，特别是企业整体资金运营效果较好，能够取得高于债务性资金的收益水平时，债务性资金在整体资金中所占的比例越大，权益性资金的收益率越高，即企业用借入的资金进行运营或投资，能取得较高的利润（收益）时，这部分利润（收益）除去支付给债权人的固定利息后还有剩余，此时借入的资金越多对股东越有利。但应注意两点：一是借入外债较多时债权人是否还会同意借款？是否会加高利率？二是由于借款较多，一旦企业经营不好，资金周转困难，不能及时偿付时，就会时刻面临被要债的局面，这时企业往往被迫用更高利率或条件更加苛刻的新债偿还老债，或是变卖资产用于偿债，甚至被迫清算。通过融资循环，很容易看到企业外部资金来源的渠道和所需要付出的代价，两者的比例关系是各方关注的重点。

7.2 万变不离其宗——能力分析

企业所有业务循环的结果最终都体现在财务报表上。每一张财务报表所提供的财务信息的侧重点都不同,将报表中的数据结合起来进行指标分析,能够体现企业的财务能力和财务效率。本节通过对财务报表数据纵向(同一时期的不同指标)和横向(不同时期的同一指标)的比较来分析企业的偿债能力、营运能力、获利能力和发展能力。

7.2.1 偿债能力

偿债能力指企业如期偿还债务的能力,反映了企业财务状况的好坏。常用的偿债能力分析指标如表7-1所示。

表7-1 常用的偿债能力分析指标

序号	指标	计算公式
1	流动比率	流动比率=流动资产÷流动负债
2	速动比率	速动比率=速动资产÷流动负债

(续表)

序号	指标	计算公式
3	现金比率	现金比率=现金类资产÷流动负债
4	资产负债率	资产负债率=负债÷资产
5	利息保障倍数	利息保障倍数=息税前利润÷利息费用
6	到期债务本息偿付比率	到期债务本息偿付比率=经营现金流量净额÷本期到期债务本息

表7-1中的指标可以大致分为两类：短期偿债能力和长期偿债能力。

1. 短期偿债能力

表7-1中的前3项反映了企业偿还短期债务的能力，其本质是相同的，均是通过计算易变现资产与即将到期债务之间的比值来反映短期内可变现资产对流动负债的保障能力。从流动资产到速动资产再到现金资产，对资产的变现能力要求越来越高，速动资产不包括流动资产中不易变现的存货和预付款项等内容，现金资产则只包含货币资金和现金等价物等随时可用于偿付债务的资产。

流动比率、速动比率、现金比率都是静态指标，采用资产负债表中同一时点的数据计算即可，简单易懂，应用广泛，此处做以下两点提示。

（1）该类指标并非越大越好，以流动比率为例，经验数据表明其保持在2比较适宜。因为比率过小，说明流动资产不足以保障流动负债的偿付；比率过大，说明流动资产占用过多资金，无法创造更多收益。

（2）对于企业短期偿债能力的判断需要结合其他动态指标，如资产周转情况。举例来说，假设M、N两个同行业企业的流动比率分别为1.2和2，按照经验指标判断，N企业的短期偿债能力应该更好，但是M企业产品销售几乎供不应求，存货周转很快，产品下线就销售一空，销售时也大多是预收款模式，几乎没有应收账款；而N企业则有一定数量的产品积压和逾期未收回的应收款。此时的M企业流动资产虽少，但都是易于变现的优质资产，短期偿债能力更强。

2. 长期偿债能力

表7-1中的第4~6项从3个角度反映了企业的长期偿债能力。

（1）资本结构。资本结构指企业资本的构成，即在企业全部资金构成中，债务和自有资金各占多大比例，资产负债率是反映企业资本结构的经典指标，它是负债与资产的比值，是衡量企业财务风险的主要指标，也体现资产总额对负债的保障程度。除了资产负债率以外，还有股东权益比率、权益乘数、产权比率等指标，均能反映企业资本结构。

从偿债能力的角度分析，较小的资产负债率体现较小的财务风险，说明资产对负债的保障程度高，但是从企业经营和股东收益的角度分析，该指标并非越小越好，当企业合理运用债务杠杆时，能够增加股东收益率，如果负债过少，则无法发挥杠杆效应。因此理论上应该存在一个最佳的资产负债结构，使企业既能充分发挥杠杆作用，又不会造成太大的财务风险。现实中资产负债率的最佳值究竟是多少并没有定论，需要结合企业所处的行业及经营周期等共同确定。

（2）盈利对利息的保障。长期债务一般会产生较大的利息费用，其为使用债务资金而付出的代价。利息费用需要依靠企业经营所得补偿，即企业的营业收入在弥补经营性成本之后，还应足以支付利息费用。表7-1中的利息保障倍数即反映了盈利与利息费用之间的关系。一般来说，利息保障倍数越高，说明企业盈利对利息的保障程度越高，企业的长期偿债能力越强。

（3）现金流对债务的保障。表7-1中的第6个指标运用了现金流量指标，将经营活动现金流量净额与本期到期的债务本息相比，直观反映现金流对债务的保障程度。该指标大于1时，说明经营活动产生的现金流入在满足经营活动现金支出后还足以支付当期债务本息，该指标越大，表明企业长期偿债能力越强。

7.2.2 营运能力

营运能力指企业资产运营的效率与效益，效率通常以资产的周转速度体现，效益指资产的运用效果，如资产的投入产出比。常用的营运能力分析指标如表7-2所示。

表7-2　常用的营运能力分析指标

序号	指标	计算公式
1	应收账款周转率	应收账款周转率=营业收入÷平均应收账款
2	存货周转率	存货周转率=营业成本÷平均存货
3	流动资产周转率	流动资产周转率=营业收入÷平均流动资产
4	固定资产周转率	固定资产周转率=营业收入÷平均固定资产
5	总资产周转率	总资产周转率=营业收入÷平均总资产

表7-2中所有的指标在计算上都有一个共同的特点，即

$$某资产周转率=资产周转额÷该资产平均余额$$

式中，"资产周转额"指计算期内（通常为一年）有多少资产完成了周转，如从货币到商品再回到货币形态这一循环过程的数额，通常以产品实现销售为标志，根据不同资产的特点，周转额分别选用营业收入和营业成本金额。

"资产平均余额"反映企业一定时期资产占用的动态指标，理论上应是计算期内每日资产余额的平均数，但为了计算方便，通常按资产负债表上的期初余额和期末余额平均计算，事实上这两个时点金额的平均值并不能代表真正的资产平均余额水平，尤其是在企业销售活动季节性波动明显时，存货不是匀速耗用，应收账款各季度金额差别也较大，在分析时应予以注意。

体现资产周转速度的还有另外一个指标，即资产周转天数。

$$某资产周转天数=计算期天数÷该资产周转率$$

如果周转率指年周转率，计算期天数为360天，此时该指标代表该项资产平均多少天能周转一次，天数越少周转越快。

表7-2中的指标可以大致分为流动资产、固定资产和总资产周转率能力三类。

1. 流动资产周转率

表7-2中的前3项反映企业流动资产的周转率，它们的计算和分析基本相同，都是周转率越大，表明周转越快，对企业越有利。此处就不再单独分析，但应注意以下可能会影响这些指标准确性的因素。

（1）应收账款是在赊销中产生的，分子用赊销额计算应该更准确，但因为赊销额通常不对外公开，所以用营业收入替代。

（2）计算应收账款周转率时，无论采用赊销额还是营业收入，其中都包括了应收票据金额，当应收票据规模较大时会对该指标的准确性产生影响。

（3）存货的销售计入销售成本，因此其周转速度通常用营业成本与存货平均余额的比值来表示。存货周转率指标在不同行业差别很大，如食品加工行业、商超等存货周转率一般较高，应结合企业所处的行业和其自身经营特点进行分析。

2. 固定资产周转率

表7-2中的第4项固定资产周转率在这里称为"固定资产收入率"更合适，固定资产不像流动资产通过快速周转变现创造收益，对固定资产营运能力的评价更侧重于其利用效果，即固定资产的营运效益，具体表现为其生产或者创造收入的能力。固定资产周转率越高，说明固定资产的利用效果越好。

3. 总资产周转率

总资产周转率是衡量企业资产整体营运效率的指标，该指标越大说明资产周转越快。加速流动资产的周转和提高固定资产的利用效果均有助于提高总资产周转率。对该指标的分析也应结合企业所在行业及其自身的经营特点。

7.2.3 获利能力

获利能力也称盈利能力，指企业在一定时期内赚取利润的能力。盈利的最直观体现就是利润的大小，但是不同规模的企业其利润金额不具有可比性，所以常用的评价获利能力的指标大都是利润率。常用的获利能力分析指标如表7-3所示。

表7-3 常用的获利能力分析指标

序号	指标	计算公式
1	毛利率	毛利率=毛利÷营业收入
2	营业利润率	营业利润率=营业利润÷营业收入
3	销售净利率	销售净利率=净利润÷营业收入
4	总资产报酬率	总资产报酬率=息税前利润÷平均总资产
5	净资产收益率	净资产收益率=净利润÷平均净资产

表7-3中的所有指标均为正指标，即越大越好，说明企业的获利能力越强。根据各指标的特点，又可以将它们分为下面几类。

1. 营业收入利润率指标

表7-3中的前3项均属于营业收入利润率指标，用以评价销售收入创造利润的能力。毛利、营业利润和净利润是企业营业活动创造的3个层次的利润，所以毛利率、营业利润率和销售净利率从不同层次上体现了企业的获利能力。结合第3章对利润表的分析，"营业利润"项目

中存在诸如"公允价值变动收益"等不受企业控制的因素，分析时应注意这些因素的影响。投资者若想着重分析企业核心业务创造利润的能力，也可以结合第3章介绍的"核心利润"指标计算核心利润率：

$$核心利润率 = 核心利润 \div 营业收入$$

分析营业收入利润率指标时应对比企业同口径指标的历史变化和同行业其他企业的利润率水平。

2. 总资产报酬率

总资产报酬率指标反映企业运用全部资源创造收益的能力，与总资产对应的总报酬是不扣除利息和所得税之前的利润，即息税前利润，该指标与净利润和利润总额的关系是：

$$息税前利润 = 利润总额 + 利息费用 = 净利润 + 所得税 + 利息费用$$

关于总资产报酬率，不同的参考书给出的公式不尽相同，有的被除数是利润总额，有的是净利润与利息的和，而笔者个人认为息税前利润最合理。总资产报酬率反映全部资产获取利润的能力，全部资产的来源既包括自有资金也包括负债，采用息税前利润指标时被除数与除数最匹配，而且可避免不同资本结构对利润产生的影响，更客观地反映企业运用全部资源获取利润的能力。

3. 净资产收益率

净资产收益率也被称为"股东权益报酬率"，是衡量企业盈利能力非常重要的指标。净资产是资产扣除负债后的净额,在数量上与股东权益相等,因此该指标反映了企业自有资本(股东权益)创造收益的能力。净资产收益率的大小不仅取决于企业经营情况,还要看企业利用财务杠杆的程度,即资本结构会影响股东权益报酬率,二者之间在数量上的关系将在7.3节做详细阐述。

反映企业获利能力的指标还有很多,如每股收益指标,还有各种以成本为基础计算的利润率指标,如营业成本利润率、全部成本费用净利润率等,分析思路大同小异,基本都是利润的相对指标。

7.2.4 发展能力

发展能力指企业的成长性,一般通过企业收入、利润、资产和所有者权益的增长情况来判断。企业常用的发展能力分析指标如表7-4所示。

表7-4 常用的发展能力分析指标

序号	指标	计算公式
1	资产增长率	资产增长率=本期资产增长额÷上期资产
2	净资产增长率	净资产增长率=本期净资产增长额÷上期净资产
3	营业收入增长率	营业收入增长率=本期营业收入增长额÷上期营业收入
4	营业利润增长率	营业利润增长率=本期营业利润增长额÷上期营业利润

表7-4中的4个比率简单易懂,均是以某项指标本期的增长额除以

上期金额计算增长率。评价企业发展能力时，应结合这几项指标共同分析，因为收入、利润、资产和所有者权益的增长均相互影响，当这4项指标保持同步增长，且不低于行业平均水平时，一般来讲可以判断该企业具有较好的发展能力。但企业的发展受多种因素影响，尤其是现代科技的发展有时超乎人的想象，某项新型材料的面世或者新技术的诞生很可能会全面冲击某个产业，所以严格地说增长率指标只能反映某项指标从上期到本期的变动情况，并不能完全体现企业未来的发展能力。分析企业的成长性，除了分析其自身的发展趋势，还要结合整个行业的动态，甚至是社会整体经济的发展情况来判断。

7.3 九九归一——综合分析

本节通过介绍杜邦分析法和沃尔比重评分法，来对各种财务能力指标进行综合分析，从而全面客观地评价企业整体的财务状况和经营成果。

7.3.1 杜邦分析法

杜邦分析法是美国杜邦公司开创的一套综合财务分析方法，具有一定的科学性和应用的广泛性。杜邦分析法以一个综合性指标为起点，将反映企业不同财务能力的指标联系在一起进行层层分解，最终扩展到对企业财务状况和经营成果各要素的分析。杜邦分析法的原理如图7-1所示。

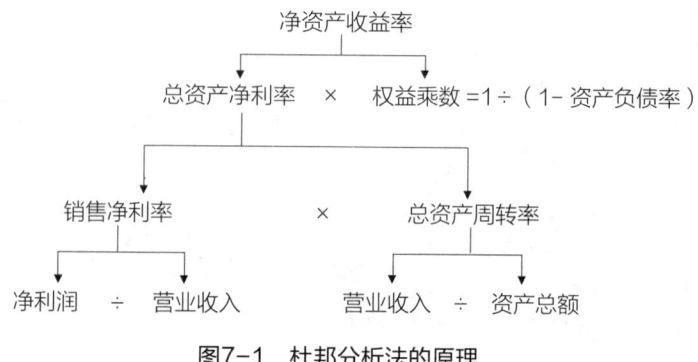

图7-1 杜邦分析法的原理

根据图7-1可知，杜邦分析法的核心指标是净资产收益率（股东权益报酬率），通过两层分解，可得到如下公式：

$$净资产收益率 = 销售净利率 \times 总资产周转率 \times 权益乘数$$

销售净利率、总资产周转率和权益乘数是企业的盈利能力、营运能力和偿债能力（资本结构）3种财务能力的体现。对净资产收益率分解的作用体现在以下两点：一是在比较连续两期或多期股东权益报酬率时，可通过杜邦分析法分析其变动的原因；二是提供了3种提高股东权益报酬的途径，即提高销售净利率（提升盈利能力）、加速资产周转（提升营运能力）、提高权益乘数（合理运用财务杠杆）。

企业既有高利润率的产品，产品销售和资产周转情况又好，还能合理使用财务杠杆增加股东收益，是企业最理想的状态，但现实中往往很难兼顾这么多方面，此时若想提高股东权益报酬就要根据实际情况做出选择。比如当产品利润率水平较低时，企业可通过薄利多销的方式加速资金周转来提高整体报酬率，但高杠杆的盈利模式应该谨慎使用，虽然增加负债资金可以加强财务杠杆效应，但也会带来更大的财务风险。

7.3.2 沃尔比重评分法

沃尔比重评分法是一种加权平均评分法，以该方法的提出者亚历山大·沃尔命名。沃尔比重评分法具体操作过程是：分别选择反映企业偿债能力、营运能力和资产结构的财务比率，按其重要程度给定一个分值，即权数，总和为100；然后将每个指标的实际比率与标准比率进行比较，评出每项指标的得分，乘以权数计算总分，以判明企业财务状况的优劣。

最初的沃尔比重评分法如表7-5所示。

表7-5 沃尔比重评分法

指标类别		权数	标准值	实际值	相对比率	实际得分
偿债能力指标	流动比率	25				
	产权比率	25				
资产结构指标	固定资产比率	15				
营运能力指标	存货周转率	10				
	应收账款周转率	10				
	固定资产周转率	10				
	净资产周转率	5				

沃尔比重评分法是沃尔在1928年提出的，当时主要用于评价企业信用水平，因此从权重来看，偿债能力指标占比最大。该方法综合考虑了企业的各项财务能力，而且简单易懂，便于操作。但放到现在来看缺陷也非常明显：首先是选择的指标较片面，未能全面反映企业各项财务能力；其次各指标所占的权重缺少理论依据，且总评分有可能受个别指标异常变动的影响从而在某种程度上曲解企业财务情况。比如当企业某一项指标特别突出而其他指标都表现平平甚至业绩较差时，会因为这个突出指标得分很高而拉高整体的分数，从而使财报使用者对企业财务状况做出错误判断。

现代学者在沃尔比重评分法的基础上做了很多改进，比如在指标选取上兼顾了多种财务能力，在计算评分时设置上下限以克服个别指标的异动对整体分数的影响等。改进后的沃尔比重评分法更科学，也得到了广泛的应用。下面以我国财政部曾颁布的企业经济效益评价指标体系为例看一下沃尔比重评分法在改进后的应用情况，如表7-6所示。

表7-6 企业经济效益评价指标体系

指标类别		权数	标准值	实际值	相对比率（上限100%）	实际得分
盈利能力和资本保值增值	销售利润率	15				
	总资产报酬率	15				
	资本收益率	15				
	资本保值增值率	10				

(续表)

指标类别		权数	标准值	实际值	相对比率（上限100%）	实际得分
偿债能力	资产负债率	5				
	流动比率或速动比率	5				
营运能力	应收账款周转率	5				
	存货周转率	5				
社会贡献	社会贡献率	10				
	社会积累率	15				

将表7-6与表7-5进行比较，可以看出沃尔比重评分法的改进之处主要表现在以下几点。

（1）不仅增加了盈利能力和资本保值增值等反映财务能力的指标，还增加了企业社会贡献指标，从企业为员工支付的工资、退休统筹及福利和上缴国家财政税费等方面体现企业为社会和国家做出的贡献，增强企业的责任感。

（2）权数分配更加合理，修正了原方法中偿债能力指标权重过高的问题，各种能力所占比例更为均衡，评价企业综合能力更为合理。

（3）设置了相对比率的上限，这样就避免了因个别指标特别高而虚增整体分数的情况。

在沃尔比重评分法基础上做出改进的企业综合分析方法还有很多，设置的指标和权数因评价目的不同而各有不同，有的评分方法不仅设定了上限，还设定了下限，也是为了避免因为个别指标特别差而导致整体分数偏低误导使用者。但无论怎样改变，沃尔比重评分法的基本原理都是一样的。

第8章

见微知著——甄别财报信息

财报向其使用者提供反映企业某一特定日期的财务状况和某一会计期间的经营成果、现金流量等财务信息,而财务信息公信力和透明度的高低直接影响市场交易的质量和经济资源的有效配置。但由于受利益的驱动,财务信息披露随时可能面临诚信危机,也就是企业有很大概率会通过粉饰财报的手段来达到虚假披露的目的,从而损害债权人及投资者的利益。因而,出于维护自身利益的考虑,财报使用者应学会几种常用的辨别企业财报造假的方法和技巧。本章就带领读者从认识财报的局限性开始,分别通过两节内容来了解财报常用到的粉饰手段及掌握识别财报粉饰的方法。

8.1 先天不足——财报的局限

财务报表中列示的项目是高度浓缩后的信息，尽管用附注进行了补充说明，但面对复杂多样的经济业务，仍存在无法用货币来衡量、无法事无巨细、无法实时实地、无法面向未来等诸多不足与局限。

8.1.1 确认与计量的局限性

1. 难以确认与计量

尽管会计上采用历史成本、重置成本、可变现净值、现值、公允价值等多种计量属性和以货币为主的计量单位对企业的经济资源进行计量，但由于经济资源的复杂性，仍有一部分经济资源无法在企业的财务报表中反映出来。

（1）未来经济利益不确定的资源。商誉、品牌等这类资源能够给企业带来未来经济利益，但与其他资产不同，其所能带来的未来经济利益具有很大的不确定性。因此，在财务报表上只确认可以计量的部分，商誉只计量由于企业合并时，支付的合并成本与所取得的净资产公允价值之间的差额；品牌只计量商标外购、注册的费用。企业自创商誉、品牌过程中的花费，已经作为费用在支出的当期计入利润表，期末无法在资产负债表中反映。

（2）所有权不确定的资源。所有权不确定的资源包括人力资源、租赁资产等。人力资源是企业的重要资源，企业之间的竞争归根结底是人才的竞争。企业要投入大量的资源用于招聘、培训员工，接受培训的员工能够为企业带来多大的未来经济利益难以计量，且在产权上存在不确定性，因此，会计上将这些支出作为费用均计入当期利润表，不在资产负债表中列示人力资源。租赁资产从本质上讲，其所有权并不归企业所有。为避免产生将购买与租赁混淆等人为操纵的空间，企业会计准则从实质重于形式的原则出发，将企业并不具有所有权的长期租赁资产也纳入企业的资产中进行核算（因为企业能够利用这些资产获取经济利益）。

2. 计量基础不同

目前的财报体系中，资产负债表、利润表、所有者权益变动表是以权责发生制为基础编制的，现金流量表是以收付实现制为基础编制的。权责发生制能够更加准确地反映特定会计期间实际的财务状况和经营业绩，体现了配比的原则。但是权责发生制使利润和现金相背离，企业盈利性和流动性被夸大。从盈利性来看，权责发生制对一些未收到的收入予以确认，这样确定的收入是一个虚数，据此创造出来的"利润"带有很大的风险性，容易导致财务虚收、分配超前；从流动性来看，权责发生制将应收款项、预付款项等均确认为流动资产，使企业的流动性含有水分。由此可见，权责发生制为管理层操纵利润提供了便利。

3. 计量单位单一

首先，财务报表都是以货币为计量单位计量的，不能反映企业经营中的非货币性业务，不能反映企业所有的资产和负债。货币计量虽然有其重要意义与作用，但企业经营中的非货币性事项，如产量、质量、劳动力及设备状况等，对分析财务状况和经营状况也是非常必要的。其次，以货币为计量手段，在物价变动较大的情况下，特别是当发生通货膨胀时，会对分析数据的准确性产生不利影响，甚至产生歪曲，从而导致分析结果出现错误。另外，采用货币计量，其中隐含了币值稳定的假设，当币值不稳定时，需要按现行成本进行调整。

4. 计量属性多样化

在会计计量属性方面，我国会计准则要求一般选择历史成本，资料数据容易取得，具有客观、准确、可以验证的优点，但由于历史成本是以物价稳定为前提，常常与实际相背离，无法体现企业的持有利得，不能真实反映企业的财务状况。企业采用其他计量属性，如重置成本、可变现净值、现值、公允价值等，应当保证所确定的金额能够取得并可靠计量。各类计量属性各有其优缺点，而按不同属性计量的资产或负债项目相加，其结果难以解释，这不可避免地会影响财报分析的准确性。

8.1.2 方法的局限性

企业在核算经济业务时，在满足会计原则和计量要求的前提下，可以选择会计政策与会计处理方法，比如，存货发出计价方法、固定资产折旧方法、坏账的计提方法等。不同的企业可根据要求采用不同的会计处理方法，而不同的方法会对财报产生不同的影响。现实中不同的会计处理方法成为很多企业调节利润的手段，同时造成不同企业间财务数据可比性较差。此外，在会计核算中不可避免地要使用到会计估计，如坏账、资产减值、折旧与摊销等，这些信息都是人为估计的结果，因此财务报表中列示的许多数据并不是精确无误的，人为调整的可能性很大。

同时，由于同一企业在不同时期、不同企业对同一业务采用了不同的计价方法，会使财报失去可比性，进而影响财报的相关性和信息使用者决策的准确性。

8.1.3 财报列示的局限性

1. 财报列示的内容无法事无巨细

财务报表中列示的项目是高度浓缩后的信息，受制于财务报表的格式要求，有些信息无法直接在财务报表中加以披露。

（1）侧重于实物资产。财务报表列示的内容偏重于固定资产、存货等有形资产，而较少关注企业知识产权、人力资源等无形资产。现代企业商业模式各有不同，经营方式也千差万别，例如高新技术企业、网络企业、培训教育单位，均为轻资产类企业，其无形资产在总资产中占的比例较高，但由于大量的无形资产难以用货币计量，因此不能在财报中全面反映，对企业实力的衡量产生影响。

（2）侧重于重要项目。出于重要性原则的要求，财务报表对同类的业务也进行了相应的合并，例如资产负债表中的存货项目，包括了原材料及辅助材料、在产品、自制半成品、库存商品、周转材料等。产品成本又包括材料消耗、人工消耗和其他消耗等。不同存货处于企业生产经营的不同阶段，对企业利润的贡献水平也不同。尽管有附注的补充说明，但由于附注不是规范格式，其说明的详细程度是由企业决定的，因此说明什么、说明到什么程度，也是企业从自身的角度出发决定的。

2. 财报列示的内容是非实时性的

财务报表的编报通常是按月进行，有些报表按年进行，且财务报表形成或报出时间与报表内容反映的时间又相隔了一段时期，因此财务报表信息并不一定反映企业现时的真实情况。尤其在当今市场竞争激烈、情况瞬息万变的时代，不同时点上企业的财务状况也存在较大变动的可能性。

同时，由于财务报表是对历史情况的反映，不能反映企业未来将要发生的事项，因此对于未来的预测、决策也存在不确定性。

8.2 瞒天过海——财报的那些粉饰方式

财报中的财务报表粉饰是指企业管理层通过人为操纵，使财务报表反映"预期"财务状况、经营成果和现金流量的行为。

8.2.1 财务报表粉饰的动机

判断企业粉饰财务报表的潜在动机，是有效分析和利用财务报表的关键，企业出于不同的目的会采取不同的手段对财务报表进行粉饰，大致来说，有以下几个目的的需要。

1. 业绩考核需要

企业经营业绩的考核，不仅涉及企业总体经营情况的评价，还涉及企业管理者经营管理业绩的评定，并影响管理者的晋升、奖金福利等。企业经营业绩的考核指标一般以财务指标为基础，包括利润（利润总额、会计利润、息税前利润等）水平、销售利润率、资本收益率、权益净利率、资产周转率等。管理者的业绩与报酬往往与这些指标相关，在此前提下，管理者往往出于自身利益考虑，选择能够将财报盈利由未来期间提前至本期确认的会计政策或方法。

2. 融资的需要

在市场经济下，银行等金融机构出于风险考虑和自我保护的需要，一般不愿意贷款给亏损企业和缺乏资信的企业。许多银行为了控制风险，往往对贷款企业的财务指标提出限制性要求，有些甚至对贷款企业的继续举债、利润分配、收购兼并做出限制。这意味着，如果违反与银行签订的以会计数据为基础的债务契约，企业将面临许多严重的经济后果，如银行可能提高贷款利率、要求追加抵押品或质押品、提高信用担保条件、提前收回贷款等。所有这些，都会增加企业的借款成本，甚至使企业陷入技术性偿债困难。因此，为了避免违反以会计数据为基础的债务契约，企业可能依赖于财务报表粉饰。换言之，这种情形下的财务报表粉饰可以降低企业违反债务契约的风险，从而达到降低借款成本的目的。特别是当企业经营业绩欠佳、财务状况不健全时，更有可能对其财务报表进行粉饰。

股票发行分为首次发行（IPO）和后续发行（SEO），后续发行包括配股或增发。在IPO情况下，企业必须符合相关的要求，其中不乏硬性的财务指标，才能通过审核。此外，股票发行价格是由每股税后利润与发行市盈率确定的，也与盈利能力有关。企业为了顺利通过发行审核，尽可能多地募集资金，降低募集资金的成本，其往往会对财务报表进行包装、粉饰。在配股情况下，企业要符合配股条件，其中条件之一便是企业最近三年的净资产收益率平均不低于10%。为了满足这一条件，企业往往会粉饰会计报表。另外，按照"退市制度"要求，连续三年亏损的上市公司，其股票将暂停交易。对于濒临退市的上市公司,其因在短时间内无法从根本上扭亏为盈,极可能会铤而走险,粉饰财务报表。

3. 税收筹划

企业在计算所得税时,其应纳税所得额基本上仍以财务会计上的利润为基础,通过纳税调整,将利润总额调整为应纳税所得额,再乘以适用的所得税率而得出。因此,会计上的利润直接关系企业所得税的纳税金额与时间分布。一方面,企业通过对财务报表的粉饰,减少本期利润;另一方面,考虑到资金的时间价值,企业会推迟纳税时间,将利润推迟到未来期间确认。

需要注意的是,企业为了业绩考核与融资的需要,其对财务报表的粉饰往往是加大利润或平滑利润。而与此不同,税收筹划往往是尽量减少利润。企业若在同一时间存在两方面或多方面粉饰财务报表的动机时,需要在各个动机间进行权衡。此外,还有的企业为了配合业绩粉饰的需要,有时也同时粉饰应纳所得税额,使两者保持一致,来印证其经营业绩的"真实性"。

4. 其他原因

(1)避免成为"出头鸟"。一般来说,盈利能力越强的企业,尤其是关系百姓利益的企业,其潜在的其他成本也越高。潜在的其他成本包括更严格的价格管制,更严格的政府或消费者监管,更激烈的商业竞争,更高的税收,更严厉的反垄断指控等。企业为了降低潜在的其他成本,避免成为社会公众关注的焦点,往往会选择异常保守的会计政策,粉饰财务报表,降低其所体现的盈利水平。

(2)逃避责任。比如,国企扭亏为盈、创造良好的经营业绩是一项重大任务。对厂长、经理而言，完成这项任务可能仕途光明，否则可能职位难保。在这种压力下，个别企业很有可能对财务报表进行粉饰。

另外，国企发生高级管理人员调离时，一般要进行离任审计。离任审计时，会计报表会根据"需要"进行调节，暴露或者不暴露已存在的许多问题。等到新任领导上任以后，为了明确责任或者推卸责任，往往要大刀阔斧地对陈年老账进行清理，这时候同样也会存在对会计报表进行粉饰的情况。

8.2.2 财务报表粉饰的手法

财务报表的粉饰，往往分为经营业绩粉饰、财务状况粉饰、现金流量粉饰等类型。为达到粉饰财务报表的目的，企业或利用可乘之机，或干脆凭空臆造。

1. 利用会计政策与会计估计逃避责任

会计政策是指企业在会计核算时所遵循的具体原则以及企业所采用的具体会计处理方法。例如发出存货成本的计量是采用先进先出法、加权平均法、移动平均法还是个别计价法。会计估计是指对结果不确定的交易或事项以可利用的信息为基础所做的判断。合理地进行会计估计，不仅有助于企业为会计信息使用者编制出客观、公允的财务报表，也有助于企业管理层了解企业的真实情况，继而做出正确的经营决策。例如，买入一项固定资产，如果没有确定的使用年限，就要根据相关的法规和经验等，预估它的使用年限。

由于企业采用不同的会计政策与会计估计，会影响会计要素的计量时间、数额，进而影响财务报表所呈现的内容。因此，企业为达到粉饰财务报表的目的，不断变换会计政策与会计估计。尽管会计准则规定会计方法一经确定，不得随意变动，但这并不意味着不能变动，而是按相关性原则要求，可以根据企业具体经营环境的变化采用不同的会计方法，这就给企业会计政策与会计估计的变动提供了可能，由此企业更倾向于选择有利于自己的会计政策与会计估计。

（1）会计政策的变更。例如，存货发出采用先进先出法和加权平均法，期末资产负债表中的存货和计算当期利润的抵减项目营业成本的数额不同。当物价上涨时，采用先进先出法则期末存货数额更接近于目前的市场价格，但计入利润表的营业成本较低，当期的利润数额就较大，同期的所得会加大，企业就有了操纵利润的可能。另外，企业有时会将业务进行相应的调整，以使得企业的会计政策变更看起来更名正言顺。通常的做法是调整权益性投资的份额，使之可以在成本法与权益法之间进行转变，进而达到调整财务报表的目的。

（2）随意进行会计估计。例如，对于资产减值准备的计提，我国会计制度的规定与国际会计准则趋同。但现实中，按资产可回收金额低于账面价值的部分确认减值却很难操作，对计提金额的合理性也难有统一的验证标准，这就出现了企业为未来（或本期）会计期间拓展盈利空间，当期多（或少）计提存货跌价准备的情况。具体表现为：企业随意改变应收账款的坏账准备计提比例，调节当期或以后期间利润，甚至全额计提坏账准备，并在收回期间确认为当期收益，即"洗大澡"。

（3）故意混淆会计政策与会计估计变更。故意混淆会计政策与会计估计变更,或者将会计估计变更解释为重大会计差错,滥用追溯调整。按会计准则要求,企业变更会计政策或发生重大会计差错时,必须采用追溯调整法,将会计政策变更的累积影响数或重大会计差错的影响数在以前年度进行反映。而对于会计估计变更,则采用未来适用法,将变更的影响数在当期及以后各期反映。由于会计政策与会计估计变更影响不同期间的财务报表,有的企业就通过混淆会计政策与会计估计,达到调整不同期间的财务报表的目的。

2. 利用关联方交易,互通有无

企业进行权益性投资时,若对被投资方具有控制、共同控制、重大影响时,或者企业进行权益性融资时,若被投资者控制、共同控制时,企业与被投资方、企业与投资者之间就构成了关联方。关联方关系指有关联的各方之间的关系。由于企业与关联方之间拥有共同的利益关系,且有经营与财务政策的决策和影响的权利,因此企业往往利用此进行利益转移。

(1)虚构经济业务。为了造成企业业务规模和利润持续增长的假象,企业会人为地"制造"业务,例如签订虚假合同,或将属于关联方的业务名义上归属到企业的名下,再转移出去,同时增加收入与成本。

(2)调整交易价格。企业为了上市、避税、融资等目的,利用关联方交易价格水平转移利润。例如,采用高于或低于市场价格的方式进行资产购销活动;以低息或高息发生资金往来调节财务费用;通过调整共同费用分摊比例调节利润等;甚至利用关联交易将不良资产以天价与关联方置换,获取"暴利"。

（3）隐瞒关联方交易。企业会计准则对关联方披露有严格的要求，无论是否发生关联方交易，均应当在附注中披露与该企业存在直接控制关系的母公司和所有子公司有关的信息；企业与关联方发生关联方交易的，应当在附注中披露该关联方交易的性质、交易类型及交易要素。企业为了避免在财报中披露相关信息，采取隐瞒关联方或关联方交易的方式，掩盖其利用关联方交易调节利润的事实。

3. 利用兼并与重组，将企业玩弄于股掌之间

兼并与重组业务复杂，形式多样，金额巨大，影响时间长，不仅涉及资产的初始计量、后续计量，还涉及利润计算。企业通过合并、投资和剥离进行再造，是财报粉饰的重灾区。

（1）混淆会计方法。在兼并与重组中，往往会形成权益性投资。权益性投资按其对被投资方的影响程度不同，分为控制、共同控制、重大影响、重大影响以下。不同影响程度采用不同的核算方法；控制程度相同但合并方式不同，会计方法也不同；同一合并方式初始计量与后续计量方法也不同。为达到粉饰财报的目的，企业假借职业判断之名，混淆权益性投资的分类，在账面价值与公允价值、成本法与权益法、购买法与权益结合法之间进行随意变换。

（2）操控收购兼并的时点。在会计年度即将结束之际，与关联公司签订股权转让协议，按权益法或通过合并会计报表，将被收购公司全年的利润纳入企业的财务报表，实现利润"跃龙门"；操纵收入和费用确认时间，将被并购企业购买日前的利润转移到购买日后的会计期间。

（3）提前埋下伏笔。对外投资和企业重组时，高估资产以期获得较大比例的股权；将坏账、存货积压、长期投资损失、闲置固定资产、待处理流动资产和待处理固定资产等所谓虚拟资产一次性处理，通过巨额冲销，消化以前年度的不良或不实资产，为未来期间的盈利营造空间。在购买日前滥用"八项准备"，为购买日后业绩提升埋下伏笔；在购买日前计提大量或有负债，在购买日后冲回或冲减费用；利用利润转投资掩盖虚假投资收益和投资项目合作分成。

（4）变换并购方式。由于非同一控制下企业合并按公允价值进行计量，且会形成商誉，因此企业有可能会将同一控制下的企业先行出售，取得出售利得后再按非同一控制下企业合并，形成大额商誉。

4. 假借差错之名，张冠李戴

企业为了掩饰其粉饰财报的动机，将财报粉饰解释为会计差错，来掩人耳目、逃避责任。

（1）混淆资本性支出和收益性支出。例如研究开发支出，从理论上讲属于资本性支出。然而，由于研究开发支出所能带来的未来经济利益具有很大的不确定性，因此，企业会计准则将研究开发支出区分为研究支出和开发支出，研究支出要求计入期间费用，不得资本化。但在具体应用时，企业会将两者混淆，将研究支出资本化，推迟其计入费用的时间，调节不同期间的利润。

（2）混淆现金流量表的类别。企业经营活动产生的现金流入净额越大，意味着企业利润质量越高，为此，企业将投资活动或融资活动产生的现金流量划分为经营活动产生的现金流量。

（3）充分利用"其他"项目。这是指将正常的项目隐匿于其他项目之中。例如，利用"其他应收款"项目隐藏潜亏，高估利润；利用

"其他应付款"项目隐瞒收入，低估利润。

（4）混淆会计差错与会计估计。企业发生重大会计差错时，必须采用追溯调整法，将重大会计差错的影响数在以前年度进行反映。而对于会计估计变更，则采用未来适用法，将变更的影响数在当期及以后各期反映。由于两者对财报的影响不同，企业将两者混淆，进而影响不同期间的利润水平。

（5）企业利用存货难以直接盘点或计量误差，夸大期末存货或存货盘盈，少计主营业务成本，平滑利润。

8.3 火眼金睛——识别财报中的假象与陷阱

8.3.1 财报粉饰的特点

1. 企业管理层往往牵涉其中

随着市场竞争越来越激烈，一些处在劣势地位的企业管理层为了不被淘汰，利用所掌握的信息与外部信息使用者所掌握的信息的严重不对称的优势，对财报中的财务报表进行粉饰。

大部分企业采用的是所有权与经营权分离的"两权分离"制度。在此背景下，企业管理层业绩最直接的体现方式就是财务报表，销售净利率、收入增长率、净资产收益率、应收账款周转率、资产负债率等指标也是其重要的绩效考核指标。有些管理者为了获得上级的青睐和更丰厚的报酬，很可能会通过粉饰财务报表来彰显自己的业绩。

2. 上下串通、内外勾结等群体舞弊司空见惯

表面上企业虽然只是通过会计工作人员的技术处理对财务报表进行粉饰，但通常涉及舞弊的人员远远不止财务部门的人员。利用关联方使用资本重组手段对企业的财务报表进行粉饰，将企业的亏损变成盈利；利用关联方交易来粉饰财务报表，掩盖亏损、虚增利润；利用股权投资调节利润等手段进行财务报表粉饰。上述粉饰手段所涉及的人员范围非常广，包括企业高管、股东、关联方、企业会计人员以及其他相关人员。总之，企业相关人员上下串通、内外勾结等群体舞弊现象司空见惯。

3. 通常以维护企业利益为幌子

财务报表粉饰不像受贿和挪用资产那样赤裸裸地公然损害企业利益，而是以为了维护企业利益如减少纳税、增加融资、发行股票等为幌子，通过技术处理方式对财务报表进行粉饰，更具有隐蔽性。例如，企业的财务状况和经营业绩出现下滑，企业为了保持其形象，会利用某些建立在高度主观估计和判断基础上的资产、负债、收入和费用项目，做出有利于企业的会计估计，进而影响财务报表。

4. 造成的损害更具破坏性

（1）威胁到市场经济秩序。通过粉饰财务报表，企业将会获得额外的利润，但同时消费者以及投资方却会因此遭受欺骗。可见，粉饰财务报表的行为很有可能减损企业本身具备的信誉，令消费者对企业不再持有信赖的态度。当情况严重时，上述行为还会干扰到长期性的企业进步及企业发展，进而带来较大范围内的不良社会影响。

（2）造成决策失误。对财报使用者来讲，财报是其决策的主要依据。一旦出现财务信息失真，真实的财务状况与经营成果被隐蔽，那么依据财报进行决策的各方必然受到误导，做出与真实情况不符的决策，由此遭受损失。

8.3.2 财报粉饰的预警信号

通常情况下，企业粉饰财报中的财务报表均会有蛛丝马迹可以追踪查询。财报使用者可以通过关注企业管理层面、关系层面、组织结构与行业层面、财务结果与经营层面的预警信号，发现其是否有财报粉饰的可能。在阅读财报时，主要通过对财务报表的分析，来发现财报中的粉饰信号。

1. 避而不谈

企业应按《企业会计准则》的要求进行财报的编制与披露。在财务报表中披露企业的财务状况、经营成果和现金流量的信息，在附注中披露一些具有影响的重大交易或事项。而有的企业对于披露信息的要求置若罔闻、不管不顾，对于重大交易与事项，如关联交易、资产重组、租赁、担保事项等，不进行解释与说明，这就有可能是通过隐藏这些重大交易与事项进行财务报表粉饰；也有的企业以未来存在不确定性为托词不予披露或有事项来进行财报的粉饰。

2. 过于简单

企业会计准则对需要披露的交易与事项的具体内容有严格的要求，但有的企业为进行财务报表粉饰，对收购兼并、或有事项等事项的披露过于简单，这样既逃避了因不披露会受到的处罚，也隐藏了事项的来龙去脉。

3. 晦涩难懂

有的企业会计政策披露时晦涩难懂，即使专业人员也不能理解其具体所指；也有的企业对于业务的解释绕来绕去，简单的事项复杂化。遇到这种情况时，财报使用者应注意，这很可能是企业故意为之,目的是不想让使用者了解企业的真实情况。

4. 避重就轻

企业对重大经营和非经营损失、在会计期末发生数额巨大的关联交易、当期的收入或利润主要来自重大关联交易等事项的解释,顾左右而言他,有避重就轻之嫌,对关联交易明显缺乏正当的商业理由,此时财报使用者就要考虑其中是否有粉饰财务报表的可能。

5. 异常变动

在分析财务报表时,若发现报表项目余额和金额变动幅度异常惊人、报表项目的余额或金额源于一笔或少数几笔重大交易、收入和费用比例严重失调、企业的主要成本费用率大大低于其竞争对手、会计期末发生"形式重于实质"的重大交易且对当期经营业绩产生重大影响、频繁进行非货币性资产置换、重大资产剥离、在某个会计期间计提了巨额的资产减值准备、注销的资产价值大大超过以前年度计提的减值准备等事项,企业的解释简单潦草或无正当理由,那么此时财报使用者就应该引起警觉。

6. 不合常理

企业财报披露的经营业绩与其所处的行业地位不相称;企业对外报告的盈利能力以远高于竞争对手的速度迅猛增长;企业连续多年通过非经营性收益得以保持盈利记录;企业对外报告的经营业绩与内部预算或计划总是保持高度一致,罕有例外情况发生;在连年报告净利润的同时,经营活动产生的现金流量持续入不敷出;等等。这些不合常理的事项会引起财报使用者的思考:企业的利润究竟来自何方?是否有持续性?若不能得到合理的解释,财报使用者就有理由对其财报是否存在粉饰提出质疑。

7. 互相矛盾

当企业出现财务信息的披露与经营活动的总结相互矛盾,财务信息的披露与企业对外宣传或新闻媒体的相关报道存在严重不一致,财务信息披露与董事会会议记录存在重大差异,或有关事项的解释前后矛盾等现象时,除了由于企业的会计信息差错而进行调整外,就很有可能是财务报表粉饰功课没有做好而露出的马脚。

8.3.3 财务报表粉饰的识别方法

财务报表粉饰可以发生在多个报表、多个项目中,或单独、或联合,对财报使用者影响极大,因此识别财务报表的粉饰就显得尤其重要。

1. 不良资产剔除法

企业的不良资产,除包括待摊费用、待处理资产净损失等虚拟资产项目外,还包括可能产生潜亏的资产项目,如账龄较长的应收账款、存货跌价和积压损失、投资损失、实物资产的盘亏损失等。首先计算不良资产总额占净资产的比重,如果不良资产总额接近或超过净资产,说明企业的持续经营能力可能有问题,也可能表明企业在过去几年因人为夸大利润而形成资产泡沫;同时,将当期不良资产的增加额和增加幅度与当期的利润总额和利润增长幅度比较,如果不良资产的增加额及增加幅度超过利润总额的增加额及增加幅度,说明企业当期的利润表有"水分"。

2. 关联交易剔除法

关联交易剔除法是指将来自关联企业的营业收入和利润总额予以剔除，分析某一特定企业的盈利能力在多大程度上依赖于关联企业，以判断这一企业的盈利基础是否扎实，利润来源是否稳定。如果企业的营业收入和利润主要来源于关联企业，财报使用者就应当特别关注关联交易的定价政策，分析企业是否以不等价交换的方式与关联企业发生交易进行会计报表粉饰。

3. 异常利润剔除法

异常利润剔除法是指将其他业务利润、投资收益、补贴收入、营业外收入从企业的利润总额中剔除，以分析和评价企业利润来源的稳定性。当企业利用资产重组调节利润时，所产生的利润主要通过这些科目体现，此时，运用异常利润剔除法识别会计报表粉饰将特别有效。

4. 现金流量分析法

现金流量分析法是指将经营活动产生的现金净流量、投资活动产生的现金净流量、现金净流量分别与主营业务利润、投资收益和净利润进行比较分析，以判断企业的主营业务利润、投资收益和净利润的质量。一般而言，没有相应现金净流量的利润，其质量是不可靠的。如果企业的现金净流量长期低于净利润，则意味着与已经确认为利润相对应的资产可能属于不能转化为现金流量的虚拟资产，表明企业可能存在粉饰会计报表的现象。